M. Th. (Martijn Theodoor) Houtsma

Ein türkisch-arabisches Glossar

M. Th. (Martijn Theodoor) Houtsma

Ein türkisch-arabisches Glossar

ISBN/EAN: 9783743314474

Hergestellt in Europa, USA, Kanada, Australien, Japan

Cover: Foto ©Thomas Meinert / pixelio.de

Manufactured and distributed by brebook publishing software
(www.brebook.com)

M. Th. (Martijn Theodoor) Houtsma

Ein türkisch-arabisches Glossar

EIN TÜRKISCH-ARABISCHES GLOSSAR.

NACH DER LEIDENER HANDSCHRIFT

HERAUSGEGEBEN UND ERLÄUTERT

VON

M. TH. HOUTSMA.

LEIDEN. — E. J. BRILL.
1894.

INHALT.

EINLEITUNG.

Die Handschrift n. 517 Warner zählt 76 Blätter in gross 8°. Jede Seite hat 13 Zeilen in grosser und deutlicher Schrift, theilweise mit schwarzer, theilweise mit rother Dinte geschrieben. Das Titelblatt führt die Aufschrift: كتاب مجموع ترجمان وعجمى تركى وعجمى ومغلى وفارسى worin der Ausdruck وعجمى auffällt, denn die Hs. enthält ein türkisch-*arabisches* und ein mongolisch-persisches Glossar. Unterhalb des Titels steht noch geschrieben: برسم الخزانة المولوية القاضوية المخدومينة الكمالية ادام الله ظله ورفع فى الدارين قدره ومحله وجعل الاحسان شعاره واعلى منارة بالنبى وآله وصحبه الطاهرين وسلم تسليما كثيرا. Diese Worte sind aber mit anderer Hand geschrieben, als der Rest der Hs. und die Ausdrücke sind zu unbestimmt um etwas mehr daraus zu schliessen, als dass dies Exemplar bestimmt war für die Bibliothek eines gewissen Qâzî Maulânâ Kamâl ad-dîn, den wir nicht näher identificiren können. Die Handschrift ist, soviel ich weiss, ein Unicum. Zwar giebt Dozy im Catalog I s. 110, N°. CCXII an dass zwei weitere Exemplare sich in Oxford befinden sollen, doch die Oxforder Glossarien sind factisch von dem unsrigen verschieden [1]).

---

1) Herr P. Melioransky in St. Petersburg beschäftigt sich mit der Bearbeitung dieser Glossarien und wird darüber das Nähere bringen. Es giebt freilich eine grosse Zahl solcher Glossarien aus allen Gegenden des Orients

Von den 76 Blättern kommen die ersten 62 auf das türkisch-arabische, die übrigen 14 auf das mongolisch-persische Glossar [1]). Letzteres fängt ohne jegliche Vorrede mit der Aufschrift ‫هذا كتاب مغلى وعجمى‬ an und rührt von dem nämlichen Abschreiber her wie das türkisch-arabische Glossar welches uns hier zunächst angeht. Letzteres hat eine Unterschrift welche am Ende des Textes mit abgedruckt ist und aussagt dass der Abschreiber seine Arbeit beendigt hat am 27sten Šaʿbān des Jahres 643 (28 Jan. 1245). Der Ausdruck ‫علّقه‬ nicht ‫كتبه‬ scheint zu beweisen dass der Abschreiber das vorhergehende nicht etwa aus einem anderen Exemplare, sondern aus dem Munde seines Lehrers aufgeschrieben hat. Wirklich ist das Glossar wie ein Collegienheft gehalten, worin der Lehrer zu seinem Schüler spricht. Wiederholungen und andere Versehen sind nicht selten, wie der Text lehren kann. Gelegentlich ist auch wohl eine Erklärung an verkehrter Stelle eingefügt z. B. s. ٩ z. 19 ‫الجناح قانت‬ (vg. die Note das.); s. ١٨, z. 16. 17 (vg. Note d. das.); s. ٣٥ z. 5 ‫خلّ‬ im Capitel der arabischen Infinitivformen welche mit ‫ا‬ anfangen u. s. w. Dazu kommt noch der Umstand dass das Glossar unmöglich viel älter sein kann als etwa 625. Wenngleich kein zwingender Grund da ist um beide Glossarien einem Verfasser zu zu schreiben, wobei es ja befremden würde

---

worin das türkische auf chinesisch, arabisch, persisch u. s. w. erklärt wird. Mehrere sind bereits herausgegeben sowohl in Europa als im Orient selbst, doch bisweilen ziemlich unbekannt geblieben wie z. B. das in Stambul A. H. 1309 gedruckte ‫كتـاب الادراك للسـان الاتـراك‬ (verfasst im Jahre 712 der Hiǵra) welches mir erst durch Herrn Melioransky bekannt wurde.

1) Auf einem leeren Blatte steht noch, doch von anderer Hand geschrieben als der Rest der Hs., der Anfang einer türkischen Erzählung. Der Dialekt ist der nämliche wie derjenige des türkischen Glossars, allein die Orthographie weicht ab. Das Ganze ist nachlässig geschrieben und deshalb hin und wieder schwierig zu lesen und weil es ausserdem nur ein Bruchstück ist, so habe ich es unnöthig geglaubt mich der Mühe der Entzifferung zu unterziehen um dasselbe dem Leser mittheilen zu können.

dass er das türkische arabisch, das mongolische hingegen
persisch erklärt hätte, so war dennoch der Verfasser des
ersten Glossars mit der mongolischen und persischen Sprache
wohl vertraut, wie aus seinen diesbezüglichen Bemerkungen
unwidersprechlich hervorgeht. Er war ausserdem Muslime und
muss augenscheinlich seine Arbeit abgefasst haben nach dem
Erscheinen der Mongolen in die Länder des Islams, welches
bekanntlich von Ibn al-Athīr im Jahre 617 der Hiǵra ge-
setzt wird. Sonst wissen wir vom Verfasser nichts, denn in
der Vorrede nennt er sich nicht; doch werden wir unten
bei der Besprechung des türkischen Dialektes, worüber er
handelt, eine Vermuthung über seine Heimath äussern. Jedenfalls besass er gute linguistische Kenntnisse, obgleich er
sich bei der Erklärung türkischer Wörter bisweilen durch
die entsprechenden arabischen Ausdrücke täuschen lässt z. B.

wenn er das arab. Pronomen هو mit در erklärt, weil هو مَنْ
auf türkisch heisst بو كيمدر (wer ist er). Er sagt weiter in
seinem Vorworte dass es in seiner Zeit bereits ähnliche Glossarien oder grammatische Bearbeitungen des türkischen gab,
ohne die Titel dieser Abhandlungen oder deren Verfasser mit
Namen zu nennen. Soviel ich weiss ist aber unser Glossar
überhaupt das älteste welches sich in den europäischen Bi-
bliotheken vorfindet.

Das Werk zerfällt in 4 Abschnitte. Der erste enthält in
26 Kapiteln übersichtlich geordnet eine grosse Anzahl Nomina arabisch und türkisch. Der zweite umfasst die Verba
und zwar in freier alphabetischer Ordnung der arabischen
Aequivalente. Der dritte beschäftigt sich mit der Conjugation
der Verba und ist ziemlich dürftig ausgefallen. Der vierte
endlich bespricht die verschiedensten im türkischen gebräuchlichen Partikel und Suffixe. Um für den europäischen Leser
die Uebersicht des hier gebotenen linguistischen Materials zu
erleichtern haben wir es vorgezogen statt eine Uebersetzung

zu geben, alle grammatischen und lexicologischen Erscheinungen, welche sich in unserem Glossar darbieten, vollständig in einem grammatischen und einem lexicologischen Theil zu erörtern.

Die Hs. ist nicht fehlerfrei und es hat mir darum redliche Mühe gemacht den Text so gut wie möglich festzustellen. Offenbare Schreibfehler habe ich verbessert, sonst aber an der Orthographie, welche recht viel zu wünschen lässt, nichts geändert, weder was das türkische, noch was das arabische betrifft, es sei denn dass die Rücksicht auf Verständlichkeit mich dazu zwang. Was sonst in dieser Hinsicht noch zu bemerken wäre wird der geehrte Leser an geeigneter Stelle bemerkt finden.

II. VON DEM TÜRKISCHEN DIALEKTE DES GLOSSARS.

Der Verfasser bezeugt an verschiedenen Stellen dass es mehrere türkische Dialekte giebt, doch hauptsächlich unterscheidet er deren zwei: nämlich die reine türk-kipčaki Sprache und das türkmäni. Er beschäftigt sich eigentlich nur mit jener, indem er dieses als eine mit fremden, persischen und arabischen Elementen durchsetzte Mischsprache betrachtet und nur gelegentlich bemerkt: im türkmäni heisst jenes Wort so oder so. Die Unterscheidung ist also eine rein äusserliche und ausserdem nicht ganz zutreffend, weil auch im türk-kipčaki Lehnwörter nicht fehlen und in dieser Hinsicht nur von etwas mehr oder weniger die Rede sein kann. Freilich geziemt es uns am allerwenigsten ihm daraus einen Vorwurf zu machen, weil auch wir bis auf die neueren linguistischen Untersuchungen nur Unterschied zwischen türkisch und tatarisch oder zwischen Osmanli und Osttürkisch machten und zwar oft genug nach ähnlichen äusserlichen Merkmalen. Wir wollen aber die Frage nach den türkischen Dialekten hier auf sich beruhen lassen und das türkmäni, ebenso wie der

Verfasser unseres Glossars, nicht weiter berücksichtigen, um
eine Antwort zu suchen auf die Frage: was versteht der
Autor eigentlich unter der Benennung: die reine Türk-Kipčaki
Sprache?

Diese Bezeichnung aber weist uns von selbst nach dem
Dešt-i-Kipčak oder dem südlichen Russland. Den dort gespro-
chenen türkischen Dialekt können wir ziemlich genau aus dem
Codex Cumanicus, welcher vom Jahre 1303 datirt ist und wenn
auch aus christlichen Kreisen stammend, doch sonst alle erfor-
derlichen Eigenschaften besitzt um zur Vergleichung mit unserem Glossar herangezogen zu werden. Diese Vergleichung
zeigt, dass wir es in beiden Codices mit dem nämlichen türkischen Dialekte zu thun haben und dass Komanisch und
Kipčakisch bloss verschiedene Namen sind. Um dies zu beweisen habe ich im alphabetischen Index der türkischen Wörter
die entsprechenden Transscriptionen aus dem Cod. Cum. beigeschrieben nach der Ausgabe des Grafen Kuun (Budapest
1880), hin und wieder mit Verweisung nach Radloff, *Das
türkische Sprachmaterial des Cod. Cum.* St. Petersburg 1887.
(*Mémoires de l'Académie Impériale des Sciences* VII série, t.
35, n. 6).

Nichts destoweniger können wir aus verschiedenen Ursachen den Abfassungsort unseres Glossars nicht im südlichen
Russland suchen. Erstens nämlich wird man fragen, in welcher Absicht man dort ein türkisches Glossar und sogar mit
arabischer Erklärung veröffentlicht haben würde. Das türkische
war die Landessprache, das arabische hingegen so gut wie
unbekannt, für wen schrieb denn der Verfasser? Mit dem im
Codex Cum. enthaltenen Glossar ist der Fall grundverschieden: hier haben wir im ersten Theil die lateinische Uebersetzung (welche dazu dienen sollte um christlichen Missionären
und Kaufleuten den Verkehr zu erleichtern) eines türkisch-
persischen Glossars. Dies lässt sich besser hören, da es keinen
Sinn hatte das türkische auf arabisch zu erklären, das Be-

dürfniss aber eines türkisch-persischen Glossars hier sich fühlbar machen müsste, weil nicht die Araber, sondern die Perser oder jedenfalls persisch redende Kaufleute und Religionslehrer mit dem südlichen Russland Verkehr pflogen.

Zweitens vergleicht der Verfasser die türkische Aussprache des ج mit der Aussprache des arabischen ج durch die Bauern von Baalbek und diejenige eines eigenthümlichen z-Lautes mit derjenigen des ض bei den Bauern Ober-Aegyptens. Dazu vergleiche man die Bemerkung M. Hartmanns in seinem Arabischen Sprachführer s. 2 in Bezug auf das ج »in einigen Gegenden Nordsyriens und von den Beduinen wie italienisches g vor i gesprochen". Für die Aussprache des ض durch die Bauern Ober-Aegyptens weiss ich keine genauen Angaben, doch ohne Zweifel war der Verfasser mit den Eigenthümlichkeiten der Aussprache dieser zwei Konsonanten durch die arabischen Bauern genau vertraut, was sich allein erklären lässt, wenn der Verfasser in Aegypten oder Syrien lebte und für Aegypter oder Syrier schrieb. Ebenso ist die stetige Verwechslung von arabischen ض und ظ, welche sich in der Hs. oft constatiren lässt bezeichnend für das Vaterland des Abschreibers resp. Verfassers, weil noch heute die Aegypter keinen Unterschied zwischen diesen beiden Konsonanten kennen.

Wir glauben dass unser Glossar in Aegypten entstanden ist und dieser Umstand lässt sich ohne Mühe mit der Thatsache, dass der türkische Dialekt der kipčakische genannt wird in Einklang bringen. Wir wissen aus Nuwairī und sonstigen Quellen dass die nach Aegypten verkauften Türkensklaven grösstentheils aus dem südlichen Russland stammten. Diese Mamluken brachten natürlicherweise ihre kipčakische Muttersprache nach Aegypten mit, so dass der dort gesprochene Dialekt wesentlich das kipčakische oder kumanische war. In Aegypten hat sich dieser Dialekt selbst zu einer literären Sprache herangebildet, denn die Leidener Bibliothek besitzt z. B. einige literären Monumente aus der Mamluken-

periode in türkischer Sprache in Aegypten abgefasst, nämlich
eine türkische Uebersetzung von Sadi's Gulistan, Dozy, Cat. I,
355, eine Kosmographie in Versen ibid. II, 140, 141 und
eine heilwissenschaftliche Abhandlung Cat. III, 282. Endlich
fällt auch die Abfassungszeit des Glossars chronologisch mit
der Uebersiedelung der Kipčaken nach Aegypten zusammen,
welche erst nach den Raubzügen der Mongolen stattfand, denn
wie wir oben gezeigt haben, ist der Verfasser mit dem Mongolischen vertraut. Als aber die Mamluken anfingen in Aegypten von Bedeutung zu werden musste die Abfassung eines
Lehrbuches ihrer Sprache für die arabische Bevölkerung zeit-
gemäss erscheinen.

Noch ist ein Umstand in Betracht zu ziehen, nämlich die
Herkunft der in dem Glossar vorkommenden Fremdwörter.
Bekanntlich kommen im Cod. Cum. einige russischen Lehn-
wörter vor, wodurch es Bedeutung gewinnt dass dieselben hier
fehlen. Was die persischen und arabischen Fremdwörter be-
trifft, darin stehen beide Glossare einander ziemlich gleich.
Dasselbe gilt vom mongolischen Elemente. Endlich weist unser
Glossar zwei griechische Lehnwörter auf, die auch in viele
Türksprachen übergegangen sind. Auch hierin liegt also
kein Grund vor um das gefundene Ergebniss zu ändern.
Ob dies nöthig sei wegen der in unserem Glossar 'vorkommenden, sonst aber mir unbekannten Wörter, muss ich un-
entschieden lassen, weil ich selbstverständlich die türkische
Herkunft in vielen (nicht allen) Fällen weder entschieden anzunehmen noch in Abrede zu stellen wage. Dass der Verfasser übrigens ziemlich weit entfernt von Central-asien lebte
erhellt zum Ueberfluss aus seiner Bemerkung dass dialektisch

für Gott auch das Wort اڧای vorkomme, obgleich nur sehr
wenige es verstehen, denn bekanntlich ist dies Wort im
Uigurischen und Čagatai häufig.

ERSTER THEIL. DIE GRAMMATIK.

I. ZUR PHONETIK.

A. *Konsonanten.*

1º. ‏ا‎ deutet entweder den Spiritus lenis an und giebt in diesem Falle zu keinen Bemerkungen Veranlassung, oder aber das Zeichen wird für die Vokalbezeichnung verwendet und wird als solches unten besprochen werden.

2º. ‏ب‎ ist b und wechselt mit den ihm nächst verwandten Lauten m und w. Vg. ‏من‎ aufsteigen statt ‏بن‎, ‏مامق‎ Baumwolle statt ‏بنبوق‎; ‏بو‎ dieser Genit. ‏مونك‎; ‏بر‎ *bar* gehen statt *war* ‏وار‎; ‏بر‎ *bär* geben statt *wär* (‏ور‎) oder (‏وير‎).

3º. ‏پ‎ wird im Glossar beschrieben als ein dem türkischen eigenthümlicher (im Gegensatz zum arabischen) breiter Laut zwischen ‏ب‎ b und ‏ف‎ f. Es kommt im Glossar höchst selten vor, viel seltener als es rechtens vorkommen sollte, entweder weil der Verfasser ungenau gehört oder weil der Abschreiber nachlässig geschrieben hat. In der Transcription habe ich mir die Freiheit genommen das ‏پ‎ im Auslaute durch p˙ zu transscribiren.

4º. ‏ت‎ t bei palatalen Vokalen wie ‏ط‎ bei gutturalen. Diese Orthographie wird vom Verfasser genauer befolgt als es sonst in türkischen Wörterbüchern der Fall zu sein pflegt. Er schreibt also ganz richtig ‏ات‎ *ät* Fleisch, doch ‏اط‎ *at* Pferd und ‏اطا‎ *ata* Vater. Was die Verwechselung der t- und d-Laute betrifft vg. unten bei ‏د‎.

5⁰. ث fehlt wie der Verfasser ausdrücklich bemerkt.

6⁰. ج oder ݢ. Dieser Buchstabe ist sehr häufig geschrieben und zwar, wie ich glaube, oft statt ج aus ähnlichen Ursachen wie sie· bei der Schreibung von ب und پ in Betracht kommen. Ich habe also keinen Anstand genommen, ausgenommen bei Fremdwörtern, in der Transcription č statt ǧ zu schreiben.

7⁰. ج wird im Glossar beschrieben als ein breiter Laut zwischen ج und ش, wie die Bauern von Baalbek das ج sprechen (S. oben S. 6). Demzufolge finden wir wirklich dass ج und ش bisweilen wechseln z. B. bei der Transscription persischer Lehnwörter. Beispiele: جمشة‎ ein kleines Trinkgefass = pers. جامچه‎; خشداش‎ statt (خواجهداش) قهجاداش‎. Andere Beispiele: چبلا‎ und شبلا‎ jem. eine Ohrfeige geben; شينا‎ kauen = چينا‎; شارى‎ Heer = جرى. Vg. بكجرى‎ s. ٣٠.; ماجى‎ بقرشى‎ ; جبش‎ = einjährige Ziege = جبيم‎ ; ميشبف‎ Katze = Kupferschmied statt بقرجى‎. Ob كوشك‎ junges Kamel verglichen mit كچك‎ klein (junger Hund) hieher gehört bleibe dahingestellt.

8⁰. ح h und خ ch fehlen wie der Verfasser bemerkt im türkischen. Er verbessert daher die Schreibweise خطلبا‎ in قتلوبا‎ und schreibt قهجا‎ statt خواجه‎. Das einzige türkische Wort worin das خ behalten ist ist خان‎ in تمرخان‎ s. ٣٠.

9⁰. د ist d. Der Verfasser bemerkt aber in Bezug auf das Wort ادم‎ Schritt, dass dieses د mit einem t-Laute gefärbt sei (وهذه الدال مشمومة بالطاء). Wirklich werden die d- und t-Laute oft verwechselt z. B. in Fremdwörtern: طلنا‎ Perle = pers. دانه‎; ايدكين‎ (Eigenname) statt ابتكين‎. Im Auslaute كاغت‎ Papier = كاغد‎; كليت‎ Schlüssel = كليد‎. Andere Beispiele: طقرجى‎ Weber vom Stamme دقى‎ weben; تمر‎ und دمر‎ Eisen; تشى‎ weiblich vom Stamme دش‎; ادسيز‎ Eigenname = ohne Namen von انت‎; اودن‎ Brennholz von اوط‎ Feuer; ايدغمش‎ und ايدغدى‎ vom Stamme طغ‎ (Vg. طغر‎). Den Uebergang von t resp. d in j (Radloff, Phon. § 238, 275) finden wir noch in dem späten Beispiele بيام‎ Mandel statt (pers.) بادام‎ bezeugt.

Auch schwindet das ‫د‬ nicht selten im Auslaut in Fremdwörtern und nicht allein bei auslautender Doppel-konsonanz
wie in ‫سربان‬ = pers. ‫سربند‬ Radl. *Phon.* § 298, wie die Beispiele
‫مروارى‬ statt. ‫مرواربد‬ und ‫نمازبين‬ statt ‫نمدزبين‬ bezeugen.
10°. ‫ذ‬ kommt nicht vor, was der Verfasser zufälligerweise
nicht bemerkt hat.

11°. ‫ر‬ ist im Anlaute selten, im Inlaute schwindet es
in dem einzigen Worte ‫اسلان‬ *Löwe* statt ‫ارسلان‬. Cod. Cum.
astlan. Vg. Κλιτζιασθλαν bei den Byzantinern, ‫اصلان‬ bei Ibn
al-Athīr, *Chron.* IX, 356.

12°. ‫ز‬ ist z. Der Verfasser unterscheidet zwei z-Laute a)
don gewöhnlichen; b) einen breiten Laut, demjenigen ähnlich
womit die Bauern Ober-Aegyptens das arabische ‫ض‬ ausspre-
chen. Nun ist es eine bekannte Thatsache dass in der arabischen Umgangssprache in gewissen Gegenden das ‫ض‬ und
das ‫ظ‬ *einen* Laut repräsentiren, weshalb man in Handschriften
sehr oft ‫ض‬ für ‫ظ‬ geschrieben findet. So auch in unserer Hs.
Statt aber den dumpfen z-Laut durch ‫ظ‬ resp. ‫ض‬ zu bezeichnen, hat der Verfasser sich begnügt das ‫ز‬ in diesem Falle
mit einem klein geschriebenen ‫م‬ (Abkürzung für ‫مفخّم‬) zu
bezeichnen. Dieses Zeichen findet sich in der Hs. nur bei den
Wörtern: ‫از‬ *wenig;* ‫ازغ‬ *Backenzahn;* ‫جـز‬ *Atlas;* ‫چـز‬ und ‫باز‬
schreiben; ‫باز‬ *sündigen* (auch in ‫يزق‬ *Sünde*) und endlich bei
‫يقز‬ *Gattin desselben Mannes.* Ob es in anderen Fällen nicht
auch hätte stehen sollen kann man mit Recht bezweifeln.
Auch im Codex Cumanicus schwankt die Schreibweise des ‫ز‬
zwischen z, x und s z. B.: ‫از‬ *ax,* ‫چز‬ *dux,* hingegen *dismac*
disarmen disqil für ‫چز‬ schreiben und *yaxuc* und *yasuc* oder
jaxok und *jasuk* für ‫يزق‬ *Sünde.* Man sieht es also dem Ueber-
setzer an dass er sehr gut eine verschiedene Aussprache
des z wahrgenommen hat, doch war er zu wenig geübt um
in allen Fällen genau zu hören und wusste daher nicht,
wie er das gehörte transscribiren sollte. Radloff hat bei der

Transscription des türkischen Sprachmaterials des Cod. Cum. die zwei z-Laute nicht unterschieden und ich bin seinem Beispiele gefolgt, weil ich auch ت und ط oder ﮊ und ﺫ resp. durch t und k wiedergebe. Im arabischen Texte hingegen habe ich die Beschaffenheit des z-Lautes bei den oben angeführten Wörtern in den Noten kenntlich gemacht, weil die Hinzufügung des م wie in der Hs. technische Schwierigkeiten machte.

13º. ﮊ kommt nur einmal vor in dem Worte طاﻰ ازﮊ Tante mütterlicherseits, vg. Index, obgleich der Verfasser von einem ﺭ mit drei Punkten nichts sagt.

14º. س und ص repräsentiren den s-Laut. Welches Princip aber den Verfasser geleitet hat um in den einzelnen Fällen dieses oder jenes zu wählen ist nicht deutlich. Es wäre rationell gewesen, wenn ص den dumpfen Laut bei gutturalen Vokalen, س den hellen Laut bei palatalen Vokalen wiedergeben sollte, doch obgleich dies in der Regel wirklich der Fall ist, so findet man doch ساﻟط verkaufen, سامان Stroh, سغق Kinn, سقى hineintreiben, سقز Mastix, سقل Bart u. s. w., wo die Consequenz صاﻟط, صامان, صغق, صق, صقز صقل u. s. w. erheischt hätte. سنﺎﺟر Eigenname neben ﺟاﻧع und سﻧﺎﺟش.

15º. ش = š ist nicht sehr häufig und wechselt mit ﺝ wie bereits bemerkt wurde.

16º. ص, ط und ع kommen in türkischen Wörtern nie vor und über ط ist bereits das Nöthige bei ت gesagt worden.

17º. غ und گ bezeichnen g und zwar غ mit gutturalen Vokalen womit bei palatalen Vokalen das گ correspondirt. Im Anlaute kommt das غ nicht vor, hingegen ist es häufig im In- und Auslaute. Das Zeichen گ womit, wie der Verfasser angiebt, ein Kehllaut bezeichnet wird zwischen dem غ und dem ﺫ, ist in beiden Fällen selten, doch wohl aus ähnlichen Ursachen wie wir sie bei der Schreibung ﭖ statt پ namhaft gemacht haben. Radloff transcribirt im Anlaut ﺫ,

sowohl als ﻙ regelmässig durch k. Im Codex Cumanicus selbst aber findet man neben k oder c auch ch z.B.: *choz, chourut, choulac, chent, chändir, cherchi, chertme, cheli, chetan, chezä, chepas* u. s. w. leider! wie gewöhnlich ohne Consequenz. Das Factum aber einer doppelten Aussprache des ﻙ als g und k steht fest, doch ist in den meisten Fällen das Richtige nicht zu ermitteln. Ich transscribire mit g, wo der Codex deutlich ﻚﯖ hat, und ausserdem wo mir der g-Laut hinlänglich gesichert schien, in allen zweifelhaften Fällen habe ich das k stehen lassen. — Wie nun aber das ﻚﯖ sich dem ﻙ gegenüber verhält, so stehen sich auch غ und ﻕ gegenüber, das heisst im In- und Auslaute werden sehr oft ﻕ und ﻝ in غ und ﻚﯖ erweicht. Vg. unten beim ﻕ. Hier seien nur drei Fälle von Metathesis erwähnt mit m: ﺻﻤﻐﺎﻟﻰ milchgebend von ﺻﺎﻏﻤﻖ melken; ﻳﻤﻐﺮ Regen statt ﻳﻐﻤﻮﺭ (türkmänisch); ﻳﻮﺭﻣﻖ und ﻳﻤﺮﻕ Faust. — Ueber den nasalirten Laut des غ vg. unten beim ﻥ.

18°. ﻑ f kommt wie der Verfasser bemerkt nur in Fremdwörtern vor.

19°. ﻕ und ﻝ. ﻕ = k bei gutturalen und ﻝ = k bei palatalen Vokalen [1]). Im In- und Auslaute gehen beide oft in غ und ﻚﯖ über; dialektisch tritt danach noch eine weitere Schwächung zu ﺝ ein und endlich schwindet der Konsonant gänzlich, vg. Radloff, *Phon.* § 337. Im Kipčaki-dialekt ist sogar der Uebergang von ﻝ in ﺱ häufiger als im Türkmäni: vg. ﺍﻳﻦ Schulter = türkm. ﺍﻛﻦ, ﻳﺒﻴﻦ Jüngling = türkm. ﻳﻜﺖ, ﺑﻴﻨﺎ Nadel = türkm. ﻳﻜﻨﺎ; ﺗﻴﺮﻣﻦ Mühle = Cod. Cum. *tegirman;* ﺟﺮﺩﻙ Kern = Osm. ﺟﻜﺮﺩﻙ mit völliger Elision des ﻝ. Hingegen ist bei ﻕ resp. غ der Fall umgekehrt, das heisst im Kipčaki ist der Konsonant behalten, im Türkmäni elidirt z. B. ﺳﻴﭽﻘﺎﻥ Ratte = türkm. ﺳﻴﺠﺎﻥ, ﻗﺰﻏﺎﻥ Kessel = türkm. ﻗﺰﺍﻥ, ﻳﻐﺮﻏﺎﻥ Decke = türkm. ﻳﺮﻏﺎﻥ. Vg. noch ﺍﻏﻼﻥ und ﺍﻭﻻﻥ Jungen,

---

1) Ueber das Sagirkief vg. unten bei ﻥ.

قصا und قصقا kurz. Hingegen sagt man im türkmäni سغ tief statt صی (Osman. صغ). Wir haben es hier also mit einer allgemeinen phonetischen Regel, welche in den verschiedenen Dialekten von grammatischen und anderen Einflüssen abhängig ist, zu thun. Vg. Radl. a. a. O. § 269, 202. Im Auslaute ist keine feste Regel aufzustellen; Abfall findet statt bei طابو sonst طابوغ, طورو sonst طورون, الى sonst ایلیف, سلى sonst سیلبیغ, بك neben بی und با; das Umgekehrte bei ازغ sonst ازو.

Wie das غ sich dem ڭ gegenüber verhält sieht man am deutlichsten bei der Conjugation der Verba. Der Verfasser des Glossars macht sich etwas breit in Bezug der von ihm entdeckten Regel, dass die Verba in 3 Klassen zerfallen, je nachdem der Imperativ die Suffixe غل قل oder كل annimmt. Damit correspondiren ja die Suffixe des Infinitivs (مصدر) مغ, مغ und مك, so wie diejenigen des Nomen Futuri auf غای قای und كای. Statt dieser Dreitheilung findet man sonst in den türkischen Grammatiken die Zweitheilung nach phonetischem Princip, das heisst bei Stämmen mit gutturalen Vokalen schreibt man die Suffixe قای قل und مغ, bei denjenigen mit palatalen Vokalen كای كل und مك. Es scheint also eine Eigenthümlichkeit unseres Dialektes zu sein, dass bei Stämmen mit gutturalen Vokalen zwei Suffixe auftreten, mit ڭ und mit غ. Freilich finden wir auch im Codex Cumanicus dass die Schreibweise der Suffixe fluctuirt zwischen *kil chil* und *gil*, *mac*, *mach* u. s. w. Leider ist aus den Beispielen in diesem Codex auch hier keine feste Regel abzuleiten, doch aus denjenigen unseres Glossars ergiebt sich dass bei Stämmen mit gutturalen Vokalen die Suffixe غل غای und مغ auftreten nach den Halbvokalen ١, و und ى, nach den Lingualen ر, ل, م und ن und endlich nach ز, غ und ڭ. Die Ausnahmen قلقل s. ٤٠, 3, قل طن s. ٣٤, 12 sind Versehen, weil s. ٣٧, 18 richtig دلن غل und s. ٣٨, 6 قلغل steht, und ebenso اندرت غل s. ٣٤, 2 (beachte dass s. ٣٥, 4 und ٣٩, 9 richtig قل طرت steht) und بیرش غل s. ٤٠, 17 statt بیرش قل. Vg. noch Index unter اقسر.

Die logische Consequenz würde bei Stämmen mit palatalen Vokalen eine ähnliche Unterscheidung zwischen مك كاى كل und كل گـاى گـ und مَك wahrscheinlich machen, doch davon sagt der Verfasser kein Wort. Ebensowenig consequent wird die oben gegebene Regel befolgt bei Wörtern mit den Suffixen قو und غو u. s. w. gebildet. Zwar findet man قـشـاغـو اقلاغو und بـچـقو, ازغ und قـرغ, doch gegen die Regel بيرق, سنقف, ظمـاق, طيـاق u. s. w.

20⁰. ل ist l, doch unterscheidet der Verfasser zwischen dem gewöhnlichen l-Laut und dem breiten Laute, welchen die Araber hören lassen bei der Aussprache des Wortes اللّٰه. Obgleich die Thatsache bekannt ist führe ich hier an was Spitta in seiner Grammatik des Vulgär-arabischen darüber bemerkt (s. 20): »Wird das Wort *allâh* Gott als Ausruf gebraucht, so nimmt das doppelte l einen emphatischen, fetten Klang an, der dadurch entsteht, dass man es tiefer im Gaumen bildet, als gewöhnlich, ähnlich wie das russische l.” Wie bei ز hat der Verfasser auch hier den breiten Laut durch ein kleines م bemerkbar gemacht; dasselbe findet sich bei den Wörtern: قـل Achsel, قلـن dick und bei den Imperativ-formen الـغـل, قلغـل und بلغـل (bleiben, nehmen, sein). Wie bei ز ist auch hier das Zeichen wohl bisweilen fortgelassen, wo es am Platze gewesen wäre.

21⁰. م ist = m. Vg. oben bei ب.

22⁰. ن stellt sowohl den gewöhnlichen n-Laut als den nasalirten Laut ng vor. Der Verfasser bemerkt dies ausdrücklich in Bezug auf die Pronominalformen منن, سنن u. s. w. und noch deutlicher bei den Imperativformen auf ن mit den Worten: in diesem Nun bei positiven und negativen Imperativformen liegt etwas nasalirtes und der Ort wo dasselbe hervorgebracht wird liegt zwischen dem Gaumen bis zum oberen Nasenknorpel (s. ٣٩). Offenbar ist der Verfasser mit diesem nasalirten Laute, wofür es im arabischen Alphabete keine besondere Bezeichnung giebt, verlegen gewesen, denn er

drückt denselben ausser mit ن auch mit نکى aus z. B. دُنلك
(s. ١٣, 2) Imper. von طلُر stehen, انکسـا Hinterkopf, کبنك
breit, سنـدکو Lanze (in diesem Beispiele berührt sich dieser
Laut mit نج wie die Schreibweise صانـم, صناجش, سنـاجر
zeigt). Vg. noch بـلك Flaum und ينـلك Wolle. Ausserdem
schreibt er dafür im Inlaute auch غ z. B. بـبـغـار Brunnen,
سغاك Mücke, صغرا nachher, کغاز leicht, يغول leicht, اورتـاغزدا
s. ٣ك u. s. w. und endlich benutzt er noch das sogenannte
Sagirkief z. B. چزدکز, چزکز. Im Auslaute und Inlaute findet
nicht selten Abfall des Nun statt (Radl., *Phon.* § 295) z. B.
رسوکانلیک = سوکالیك = ترکو = ترکون, جوانمرد, جوامرد = pers.
ایكا und ایكان u. s. w.

23°. ه kommt höchst selten im Auslaute vor und dient in
diesem Falle zur Vokalbezeichnung.

24°. و ist w, und wechselt im Anlaute bisweilen mit ب.
Vg. oben. In den meisten Fällen wird es aber für die Vokalbezeichnung verwendet (vg. unten) wofür im Anlaute ا auftritt. Doch hat و seinen Konsonantwerth behauptet in وجاك
Herd (اوجـانی), وراق Sichel (اورانی), ور schlagen (اور),
träge, ایساوو Eigennamen.

25°. ى ist j und hat sich im Anlaute viel besser behauptet
als و z. B. يپـار Moschus, يپك Seide, يپلیك Faden, يراق
fern, يك Spindel, يكا Feile, يكز Zwilling, يكنا Nadel, يلكارى
oben, يناجا fein, يكى zwei, يقلق Guitarre, بـروماجكك Art
Käse, يـزم Traube, wo sonst vokalischer Anlaut gewöhnlich
ist und ا auftritt. Vg. Radl. *Phon.* § 244. So findet sich auch
hier اوکارجى Eilbote, was wohl zu يكرمك schnell laufen zu
stellen ist. Ueber ى als Vokalbezeichnung werden wir sogleich
einiges bemerken.

Es braucht nach dem oben gesagten kaum hervorgehoben
zu werden, dass die nämlichen Konsonanten in allen bekannten türkischen Dialekten auftreten und dass der Verfasser des
Glossars sich sehr wohl der verschiedenen Aussprache einiger
derselben bewusst war, je nachdem dieselben mit palatalen oder

gutturalen Vokalen gesprochen werden und sich bestrebt hat
diesen Unterschied durch die Wahl verschiedener Zeichen, so
weit das arabische Alphabet ihm das Material dazu bot, bemerk-
lich zu machen. Wo das Material nicht genügte hat er, wie bei
dem nasalirten Laute, verschiedene Zeichen benutzt und in einigen Fällen selbst diakritische Zeichen in Anwendung gebracht.

B. *Vokale.*

Für die Vokalbezeichnung standen dem Verfasser sowohl
die Halbvokale ‍‌ا و und ى als die arabischen Zeichen für *Fatha*,
Dhamma und *Kesra* zu Diensten. Ausserdem kommen bisweil-
en das im Osmanischen bei vokalischem Auslaute beliebte ۃ
und das Zeichen *Medda* vor, um die a- und ä-Laute zu bezeichnen, ohne dass dadurch ein Unterschied in der Aussprache
begründet wird. Im allgemeinen ist er mit der Verwendung
der Halbvokale sehr sparsam gewesen und wo dieselben, na-
mentlich و und ى, nicht geradezu als Konsonanten stehen,
sind sie vielleicht ursprünglich solche gewesen und bezeichnen
jetzt den Diphthong oder den daraus entstandenen langen
Vokal. Dies gilt von der Verwendung dieser Zeichen im Inlaute; am Ende der Wörter wird vokalischer Auslaut regelmässig durch ا و oder ى bezeichnet, sehr selten durch ۃ.

Elif oder *Fatha* bezeichnen also *a* und *ä;* welcher von
diesen beiden Lauten gemeint sei, müssen die Konsonanten
ausweisen. Ob noch ein Elif hinzutritt verschlägt für die Länge
des betreffenden Vokales nichts. Im Gegentheil bezeichnet die
Schreibung mit ا, seltener mit ى, öfters die *Imāla* oder den
Laut *ä*. Vg. ڏا (sonst ڏى) sprechen, با (sonst ىىى) essen, جمان
čämän, شان *šän* (sonst شىن), باغران *jagran* (sonst باغرىن),
كاشور *kašwär,* ساكول sonst سكل u. s. w. Mit ى: دويت *däwät*
(sonst دواۃ).

Neigt sich die Aussprache des *a* in diesen Fällen nach *e,*
in anderen Fällen nähert dieselbe sich der des *u* und wird zu *å.*
So schreibt Verfasser: باغرت *jågurt* gewöhnl. *jugurt,* باوا *jåwa*

Zwiebel. Cod. Cum. *youa*. Der nämliche Laut wird bisweilen durch *Dhamma* ausgedrückt z. B. فُل *kâl* bleiben, sonst كَل, قُرطِ *kârt* ein Greis, يُلا *jâla* locken, vielleicht auch durch ein- faches *Fatha* z. B. يَلدُز *jâlduz*, يَفش = *jâkuš*, قَناى = *kânak* (in anderen Dialekten *julduz*, *jukuš*, *konak*) doch ist hier Vor- sicht geboten, weil die Nachlässigkeit, um nicht zu sagen die Willkür, des Abschreibers hier eine grosse Rolle spielt.

Kesra mit oder ohne folgendes ى und ى allein bezeichnen die Vokale i und y (dumpfes i), bisweilen â wie wir bereits an dem Beispiele دويت sahen. Häufiger aber tritt *Kesra* an die Stelle eines *Dhamma* (resp. و) und umgekehrt. So hat die Hs. z. B.: سبرغو hingegen سِبِرغوجى; كُزلو neben كِزسيز und كُزلو für تكاجوك; تكاجيك statt اكسوس; اكسِز und تَمِر und بِرِنجِلك; مو (Fragepartikel) und مى; بليط und بُرن; تَمِرجى statt بلوط u. s. w. In einigen Fällen scheint wirklich Vokal- attraction stattzufinden z. B. wenn die Imperativsuffixe كل und قِل bei بُر und قِصِ كُل und فِل geschrieben werden, doch eine Regel lässt sich daraus nicht ableiten, weil der Ver- fasser offenbar willkürlich verfährt, und der Abschreiber die Verwirrung, welche auch im Osmanischen bekannt genug ist, wahrscheinlich noch vergrössert hat.

Dhamma mit oder ohne folgendes و und و allein bezeich- nen die Vokale u und ü, o und ö. Die Wahl zwischen u und ü, o und ö wird wie bei *Fatha* und *Kesra* meist durch die Konsonanten bestimmt, doch nirgends findet sich eine Andeutung ob u oder o, ü oder ö gemeint ist. Wenn ich dennoch im Index bald das eine oder das andere geschrieben habe, so bin ich dabei hauptsächlich der Transscription Rad- loff's der im Cod. Cum. entsprechenden Wörter gefolgt.

Das Material der Hs. giebt mir keine Veranlassung hier

von den Diphtongen zu sprechen; es ist freilich bei der un-
genügenden Vokalbezeichnung bisweilen geradezu unmöglich
zu bestimmen ob ‌و und ‌ى Vokalzeichen sind oder nicht.

II. ZUR ETYMOLOGIE.

A. DAS NOMEN.

Der Verfasser des Glossars bespricht das Nomen nirgends
ausführlich und wir können seinem Beispiele folgen in Bezug
auf die Mehrzahlbildung und die Deklination, welche sich in
nichts vom bekannten Schema im türkischen unterscheiden,
so weit sich dies nach dem gebotenen Material beurtheilen
lässt. Beim Pronomen werden wir ausserdem noch darauf
zurückkommen müssen, weil der Verfasser hierüber ausführ-
licher ist. Was mehr speziell das Adjektivum betrifft, so
werden s. ٣١ die in fast allen Türksprachen vorkommenden
Intensiv-Ausdrücke bei Farbnamen erwähnt. Vg. Kasem-
beg-Zenker § 126. Die Hauptzahlwörter sind angegeben s. ٢٢
und geben zu keinen Bemerkungen Veranlassung. Sonst werden noch zwei Formen der Bruchzahlen erwähnt, nämlich

بَيْچِڨ = ½ und مناص = ¼ doch ist letzteres nur in einigen
Dialekten bekannt.

Was die Form der Nomina betrifft, so giebt das Glossar
zu folgenden Bemerkungen Veranlassung:

1°. Nicht sehr häufig sind die ursprünglichen Nomina, welche
formell mit dem Verbalstamme identisch sind wie طاط Geschmack und (verb.) kosten, سك pudendum viri und (verb.)
den Coitus ausüben, تُتُن Rauch und (verb.) räuchern, ان
Höhle und (verb.) absteigen, بوياء Farbe und (verb.) färben u.s.w.

2°. Häufiger sind diejenigen Nomina, worin der Verbalstamm mit einem Buchstaben vermehrt erscheint z. B. كاچوت
Uebergang von كچ übergehen, قزنج Vortheil von قزن erwerben, انش Abhang von ان absteigen, بيرق Befehl von

بیر befohlen, بازی Sünde von باز sündigen, باخنك Hasenlager
von ‏ طب schlafen, یلای Hundetrog von ‏ یلا locken, الاي Sieb
von ‏ الا sichten, جـنـتـلایك Nüsse und dergleichen von جـنـتـلا
platzen, ‏ اكن Schulter von ‏ كل krümmen. Es kommt freilich eine
grössere Zahl Nomina im Glossar vor, welche augenscheinlich
der nämlichen Bildungsweise angehören, doch ist bei der Erklärung grosse Vorsicht zu beobachten. Es leuchtet nämlich
ein dass z. B. das كل hinter einem Verbalstamme eine völlig
verschiedene Bedeutung hat von كل hinter einem Nomen. In
ersterem Falle dient es um die verschiedensten Nomina
zu bilden, im zweiten zur Dominutivbildung (vg. unten).
Ebenso deutet ش in انش etwas Anderes an als in Wörtern
wie بلش Bekanntschaft, تبرش Bewegung, صناجش Gefecht,
wenn es mit dem ش des reciproken Verbalstammes identisch
ist. Wenn das türkische Sprachmaterial in unserem Glossare
vollständig vorläge, würde es eine zwar schwierige, doch im-
merhin mögliche Aufgabe sein die betreffenden Wörter zu
erklären und die eigentliche Bedeutung dieser Suffixe zu erui-
ren, doch dem ist nicht so und ich würde die Grenzen, welche
mir hier gestellt sind, weit überschreiten, wenn ich dabei das
sonst bekannte Material in den verschiedenen Dialekten zur
Vergleichung heranziehen wollte. Ich lasse es also bei diesen
wenigen Beispielen bewenden und bemerke nur dass ähnliche
Bildungen öfters auch Denominativa sind wie z. B. اودن Brennholz von اوط Feuer, یولار Leitseil von یول Weg, wie überhaupt
im türkischen Denominativa und Deverbalia nicht scharf zu
trennen sind.

Noch wären hier viele Wörter zu nennen welche jetzt vokalisch auslauten, vielleicht aber den ursprünglichen Schlusskonsonanten (gewöhnlich غ ی ك oder ن) verloren haben. Dass
dies vielfach stattgefunden hat ist bekannt genug. Vg. Radloff, *Phonetik* § 292. 295. Einige Beispiele werden wir unten
folgen lassen.

3º. Sehr häufig sind Infinitiv- und Participialformen, er-

stere sowohl mit abstracter als mit concreter Bedeutung. Beispiele von *Infinitivformen* auf مَق (مَكْ) : (مَكْ مَاق) ارْكَمَكْ Ekel,
ارمَق Ermüdung, اسنامَكْ das Gähnen, اكسرمَكْ .das Husten,
الـمَكْ der Tod, اجمَاق Paradies, اويـمَـق Fingerhut, اتنَـكْ
Brod, باشمَق eine Art Schuhe, برمَق Finger, چقمَق Feuerstahl,
يشماق Schleier, يرمَق Fluss u. s. w. Von einigen dieser Wörter existirt allerdings in den bekannten Türksprachen der cor-
respondirende Verbalstamm nicht, oder nicht mehr. Auf ما :
استمـا hitziges Fieber, تنزمـا kaltes Fieber, قورما geröstetes
Fleisch, الما Apfel, كرتما Birne, تكما Knopf. Die drei letzten
Beispiele sind aber wahrscheinlich nur der Form nach ähnlich.

b. *Participialformen* auf قـان غـان oder كـان : يـرتـقـان
der Schöpfer, يرلغان der Barmherzige. Wahrscheinlich gehören dazu auch قزغان Kessel von قز trotz des abweichende Vo-
kals, ساجقان Ratte, يـغـرغـان Decke, قنرغـان Räude, ايـكـان
Zaum, denn im Turkmäni wo das Partizip auf قان nicht gebräuchlich ist und statt dessen auf ان auslautet, correspondiren die Formen اويـان , يـرغـان , قـزان , سجـان u. s. w. Man
könnte versucht sein zu meinen dass in einigen Fällen das
nasale Nun abgefallen ist, wodurch z. B. يرغا Passgänger für
يرغان (von يورى), سبركا Besen für سبركان (von سبر auskehren),
قصرقا Wirbelwind für قصرقان stehen würden, doch vg. Kasem
beg-Zenker § 130 B, d. und unten sub 5 l.; — auf مش z. B.
بكمش (Osm. يكمز) Syrup, يامش Frucht; — auf دك z. B. سيدك
Urin von سى, ياستق باستق Kissen von ياس ausbreiten, جردك (چكردك)
Kern, دردك Hobelbank.

4°. Die *Deminutivformen* werden mit verschiedenen Suffixen gebildet und zwar: a mit einfachem. ك oder ى z. B.
اتـك von ات Hund, قـودى Eselfüllen, كجـك junger Hund,
كوشـك junges Kameel. — b mit ج z. B. اوكـج dreijähriges
Schaf. — c mit جـق (جاق) oder جـك z. B. امـجق , قولنـجـان,
صغرجقق , تكاچوق. Das Suffix steht auch hinter Adjektiven z.
B. ازاجق ein wenig, قصقاجق von قصقا kurz, vielleicht auch
اغـرشـق (mit ش statt ج vg. oben s. 9) von اغـر schwer. —

d mit ‎جـ‎ um anzudeuten dass man eine Eigenschaft in geringerem Maasse besitzt und daher Aehnlichkeit überhaupt z. B. ‎الاجا‎ scheckig von ‎الا‎, ‎اقـجا‎ weisslich, ‎سنـقـرجا‎ einem Sonkor ähnlich u. s. w. — *e* mit ‎كـبـيـنـا‎ (‎كـنـا‎) in den beiden weiblichen Personennamen ‎كـچـوكنا‎ und ‎ايكينا‎ s. ٣..

5°. Nomina mit verschiedenen mehr oder weniger durchsichtigen Suffixen gebildet. Die in unserem Glossar am häufigsten vorkommenden Suffixe sind:

a) ‎جـى‎ hinter Substantiven oder Verbalstämmen gefügt bildet Nomina agentis z. B. ‎تمرجى‎ Schmied von ‎تمر‎ Eisen, ‎باقرشى‎ (Vg. oben s. 9) Kupferschmied von ‎باقـر‎ Kupfer, ‎بتكـجى‎ Schreiber von ‎بتك‎ Schrift, ‎الـچـى‎ Gesandter von ‎ايل‎ Frieden; ‎باپـجى‎ Architect von ‎باپـمـق‎ bauen, ‎ساطـجى‎ Verkäufer von ‎ساطـمـق‎, ‎تكـجى‎ Schneider von ‎تكـمـك‎ nähen, ‎يكنـجى‎ Khalif von ‎بـوكـونـمـك‎ knieen, beten (weil er beim Gebete vorbetet (‎امام‎). Im Osmanischen unterscheidet man zwischen ‎جـى‎ hinter Substantiven und ‎يـچـى‎ hinter Verbalstämmen und eine Spur davon findet sich bei ‎ارلايـجى‎ Sänger von ‎ارلامك‎ singen, doch hat die Einfügung von ‎ى‎ hier phonetische Ursache. Von ‎اوطـ‎ Arzenei bildet man ‎اوطـاجى‎ Arzt, doch auch das Verb. denomin. ist ‎اوطـلا‎ nicht ‎اوطـلا‎.

b) ‎داش‎ bedeutet gemeinsamen Ursprung oder Besitz z. B. ‎يولـداش‎ ‎قـرنـداش‎ Geschwister von ‎قرن‎ Bauch Mutterschoos, Gefährte von ‎يـول‎ Weg, ‎يـرداش‎ Landsmann von ‎يـر‎ Land, ‎قـجـاداش‎ Mitschüler von ‎قـجا‎ = ‎خواجه‎ Lehrer, ‎اغل داش‎ Dorfgenosse von ‎اغل‎ Nomadendorf, ‎ايـوداش‎ Hausfrau von ‎ايـو‎ = ‎او‎ Haus; ‎كوكـرداش‎ Milchbruder von ‎كوكـر‎ = ‎كـوكـل‎.

c) ‎لى‎ oder ‎لو‎ bedeutet den Besitz einer Sache oder Eigenschaft. z. B. ‎اطـلو‎ Reiter von ‎اط‎ Pferd, ‎صـقـللـو‎ bärtig von ‎صـقـل‎ Bart; ‎بارلو‎ reich von ‎بار‎ Besitz und ‎يـوقـلـو‎ Arm von ‎يـوق‎ es giebt nicht.

d) ‎سـز‎ (‎سـوس‎ ‎سـيـز‎) bedeutet hingegen das Fehlen einer Sache oder einer Eigenschaft z. B. ‎اطـسـيـز‎ ohne Pferd, ‎مـل سـيـز‎ arm von ‎مـل‎ (ar.) Besitz; ‎اكـسـوس‎ Waise von ‎ال‎ = ‎اوك‎ Hülfe.

e) لق oder لك (ليق ليك) bildet 1° Nomina abstracta von
Adjektiven z. B.: اجزليك Billigkeit von اجز billig; تاليك
Tollheit von تالى toll; قزليك Theuerung von قز theuer; سوكاليك
Krankheit von سوكان (Vg. oben s. 15) krank; سوقلق Name
einer Krankheit. — 2° Es deutet Zusammengehörigkeit und
daher oft Werkzeuge an, wenn es an Verbalstämme oder Substantiven tritt z. B. بليك was man im Gürtel trägt (von
بيبل); باغلق Schnuptuch; اكليك Schminke; يقلق Guitarre,
سرماليك Stift um سرما einzureiben; ازلك Art Schuhe, يپليك
Faden, صاغيلق ein Milchschaf. — Bisweilen giebt es eine
räumliche oder zeitliche Ausdehnung an z. B. اچليك Innen-
seite (Fütterung); يزليك Aussenseite; قشلق Morgenzeit eig.
Vögelzeit von قوش Vogel. Vg. باطسون Schlafenszeit.

f) غاچ كيم قيم bildet Nomina instrumenti. Beispiele:
اچقيم Schlüssel von اچمق öffnen; اغنغاج Leiter von اغنمق
aufsteigen; بچقيم Schere von بچمك zerschneiden; دوكيم
Mörser von دوكمك schlagen (eig. دوككم); چاكوچ Hammer
(eig. تيككيم) von چاقمق anschlagen; تيكيم (eig. چاقكوچ)
Nadel von تيكمك nähen; vielleicht gehört auch اركيم Kameelhöcker von اور Höhe hieher.

g) غو كو قو. Beispiele: اتركو Hohlbohrer, اشكو Bohrer,
اقلاغو Rollholz eines Pastetenbäckers, بچقو Säge; سنكو Lanze;
قشاغو Striegel; كوزوكو Spiegel (von كوز Auge), اوزاكو Steigbügel.
Das Nun scheint erhalten in اشكون Passgänger; طتقون
Gefangener; تزكن Zügel; قسقن Schwanzriemen; يلغون Tamariske (wenn es kein Fremdwort ist); كجكن Geier (unter dem
nämlichem Vorbehalt).

h) داغ داى an Nomina gefügt. Beispiele: باشداى Eingeweide; بغرداى Mütze; دلداغ Beweis; برنـدى Leitseil von
برن Nase (für برنلق? vg. e 2°).

i) ساى scheint die nämliche Bedeutung zu haben wie داى
z. B. بغرساى Eingeweide; طتساى Gefangener; قورساى Kropf
der Vögel; سرمساى Lauch.

k) لا. Boispiele: برلا Traube (= mit Wein بر); طرلا Acker;
قندلا Laus, doch باقلا Bohne ist wohl entlehnt. Vg. den Ge-
brauch von لا boi Zahlwörtern: ايكيلاسى ihror zwoi eig. ihro
Zwoiheit.

l) كى K. Zu don boroits gogobonon Boispiolon obon s. 20
(untor 3 b) können noch hinzugofügt wordon: ابشقا Grois,
چاچقا Forkol, صرنجكا Houschrocko, قرغا Rabo, قصرتقا Laus,
قمرسقا Amoiso, كلكا Schatton, يبقا foin, ارنكا Rübo, جكركا
Houschrocko, يمرتقا Ei, doch sind violo dioser Boispiolo sohr
unsichor und otymologisch dunkol.

Mohroro andoro Suffixe kommen nur in sohr wenigon Boispiolon vor z. B. جبين in بلدرجين und كورجين, جيل in
طوشانجل, يقسول in سول u. s. w.

6°. Zusammongosotzto Nomina.

Dioso Nomina sind im türkischon viol zahlroichor als man
gowöhnlich moint, alloin os ist äussorst schwiorig dio ursprüng-
lichon Bostandthoilo wiodorzufindon, woil diosolbon in dor
Vorbindung fasst unkonntlich gowordon sind, odor abor oinor
Urspracho angohöron, wolcho bis jotzt so gut wio unbokannt
ist. So hat Radloff a. a. O. gozoigt p. 38 dass بلطر vorgan-
gonos Jahr = در يل ist und بلازك Armring = بلاك Arm
+ يوزك Ring. Unvorkonnbaro Zusammonsotzungon sind اجنن
Hoson aus ايم innor + طلون Kloid, بيل بلغ Gürtol aus
بيل + بغ (boroits boi Radloff a. a. O.), قراباش (قراواش) Magd
oig. Schwarzkopf, قلاغرز Vorläufor, Wogwoisor = قلاى + كوز
Ohr und Augo. Boi violon andoron Wörtorn ist jodonfalls oin
Bostandthoil dor Zusammonsotzung doutlich z. B. بغا Stior
in قربغا Frosch (vg. بغا بغا قبرجقلو Schildkröto).

Hiohor gohören auch dio Nomina rolativa auf رى = âri wolchos Suffix augonschoinlich aus ار Mann + ى Pronomon Suffixum
zusammongosotzt ist z. B. تركى oin Türko, قمارى Ein Sandmann = Nomado, شرقى oin Oriontalo, اغلجرى (= Axxat-

τίροι [1]) ein Buschmann, اوجـرى ein Grenzbewohner u. s. w.

7o. Fremdwörter.

Fremdwörter hauptsächlich persischen Ursprungs sind häufig, wenngleich der Verfasser des Glossars oft behauptet dass sie allein im Türkmäni gebräuchlich sind. In den nachfolgenden Beispielen deutet ein beigeschriebenes t *türkmäni* an: اخر Stall, آنو und الو زرد (t) Pfirsich, Aprikose, اوريز Abtritt, بازركان (t) Kaufmann, بيام (vg. oben s. 9) Mandel, باغ Garten, بستان dass., پنير (t) Käse, بيغامبر Prophet, جان Seele, چمان Wiese, جمشا (vg. oben s. 9) kleiner Becher, جوا (جيوه) Quecksilber, جوامرد (vg. oben s. 15) edelmüthig, جولاه (t) Weber, خرمن (t) Scheuer, خروس Hahn, دانشمند (t) Gelehrter, دستارجه Schnupftuch, دوست (t) Freund, دوييت Dintenfass, ديوار Mauer, زندان Gefängniss, زبان (t) Verlust, سرای Haus und Herberge, كاروان سرای سربان (vg. oben s. 10) Turban, سلطان Sultan, شاكرد Diener, شوربا Fleischbrühe, شاه بلوط Kastanie, شهر Stadt, طازى arabisches Pferd, طنا (vg. oben s. 9) Perle, قاجا (خواجه) Herr, فرشته Engel, قرما (خرما) Dattel, كاغت (t) (كليـد) Papier, كان Mine, كلاب (t) Rose, كليت Granatapfel, نـشـان Schlüssel, كليـم (t) Teppich, نار (انار) t) Granatapfel, نـشـان Zeichen, نماز Gebet, نمازبن (vg. oben s. 10) Sattel, بياوا verloren. Mehr transformirt sind اروج Fasten = روزه, اودن edel = آبدان.

Eigentlich sind zu den persischen Fremdwörtern auch die wenigen arabischen zu rechnen welche durch persische Vermittlung Aufnahme fanden z. B. اورت (عورة) (t) Weib, خمرى weinfarbig, حصار Kastell, عنابى Tabin, كهل träge und das ursprünglich lateinische فرن Ofen.

Aus dem griechischen stammen كرب und قنزغا.

Ob Fremdwörter aus dem mongolischen und chinesischen vorkommen, lassen wir dahingestellt. Für das mongolische giebt der Verfasser des Glossars einige Beispiele s. ١٦, 6—10.

---

1) Dieser Name ist also grundverschieden von Khazar (خزر).

8⁰. Anhang. Die Personennamen.

Im 22sten Abschnitt giebt der Verfasser des Glossars eine etymologische Erklärung einiger türkischen Männer- und Frauennamen. Viel neues ist darin freilich nicht enthalten, doch scheint es mir der Mühe werth das von ihm gesammelte Material, bereichert mit einigen anderen Namen, welche mir bei der Lectüre arabischer Geschichtswerke aufgestossen sind, hier zusammenzustellen. Hauptsächlich habe ich dabei das Interesse derjenigen im Auge, welche bei der Herausgabe arabischer Texte oft in Verlegenheit sind wegen der vielfach entstellten Orthographie türkischer Eigennamen. Wenngleich meine Zusammenstellungen zu unvollständig sind um in allen Fällen Auskunft zu geben, so ist damit jedenfalls ein bescheidener Anfang gemacht, welcher für diesen oder jenen nützlich und brauchbar sein kann. Mehr beabsichtige ich nicht, weil für eine irgendwie erschöpfende Behandlung dieses höchst interessanten Theiles des türkischen Sprachmaterials die Zeit noch nicht gekommen ist und ich schwerlich in der Lage sein werde mich damit eingehend zu beschäftigen.

Für die Sicherstellung der Orthographie türkischer Namen ist die Etymologie ein· unentbehrliches Hülfsmittel, doch um dasselbe benutzen zu können, müssen wir uns erst im Allgemeinen eine Vorstellung gemacht haben, wie die alten Türken bei der Namengebung verfuhren. Auch in Bezug auf diese Frage, welche zu vielen und langen Abschweifungen Gelegenheit bietet, werden wir uns der äussersten Kürze befleissigen. Berichte aus alter Zeit liegen uns darüber nicht vor, doch ist es gestattet nach Analogie desjenigen, was noch heute bei den Kirgisen und sonstigen sibirischen Türken stattfindet, auf die nämlichen Gewohnheiten vor 7 und 8 Jahrhunderten zu schliessen. Darüber belehrt uns Radloff folgendermassen (*Aus Sibirien* I, 315 ffg.): Der Name wird dem Kinde gewöhnlich gleich nach der Geburt von dem Haupte der Familie gegeben und zwar meist nach dem Namen derjenigen Person, die zuerst

in die Jurte tritt, oder nach einem Gegenstande, dessen Name
zuerst ausgesprochen wird, wie Palta (Beil), Myltyk (Gewehr)
etc. oder nach einem auffallenden Aeussern einer gleich nach
der Geburt eingetretenen Person, wie Sary Pasch (Gelbkopf).
Sind die früheren Kinder bald nach der Geburt gestorben, so
wird dem Kinde ein möglichst schlechter Name gegeben, wie
z. B.: It-Ködön (Hintertheil des Hundes), Paltschyk (Schmutz)
u. s. w. Weil die hier beschriebene Gewohnheit auch sonst z. B.
bei den arabischen Beduinen constatirt worden ist, dürften
sich auch viele alten türkischen Namen daraus erklären lassen. Allein in allen Fällen kommt man damit nicht aus. Erstens · sind nämlich viele türkischen Personennamen Sklaven-
namen und dieselben sind, · wie bekannt, gewöhnlich symbolisch. Eine Sklavin wird man z. B. Blume, Mond, Edelstein
oder sonst nach diesem oder jenem lieblichen Gegenstande be-
nennen und das nämliche gilt auch von den männlichen Sklaven. Anfänglich waren diese Namen wahrscheinlich arabisch
oder persisch und erst später wurden sie ins türkische übersetzt und gebräuchlich, weil die Namen natürlicherweise von
den Besitzern, welche Araber und Perser waren, den Sklaven
gegeben wurden.

Zweitens lassen sich viele alten türkischen Namen nicht aus
der von Radloff beschriebenen Gewohnheit erklären, weil dieselben Thiere oder Sachen andeuten, welche wohl nie in der
Nähe des Geburtszimmers angetroffen zu werden pflegen z. B.
Löwen, Panther, Wölfe, Falken u. s. w. Nach meinem Dafür-
halten steckt in diesen und ähnlichen Namen, wie ich das bereits bei einer anderen Gelegenheit angedeutet habe [1]), eine
Erinnerung an den uralten Totemismus der Türken. Dafür spricht
der Umstand dass diese heidnischen Namen offenbar den eifri-
gen Muhammedanern anstössig waren, sodass z. B. die ersten
Selǵuken sich biblische Namen beilegten, oder für sie später

---

1) Wiener Zeitschrift für die Kunde des Morgenlandes 1888 s. 231.

solche Namen erdichtet wurden, was für unsere Beweisführung gleichgültig ist. Allerdings ist es in speziellen Fällen schwierig, ja geradezu unmöglich zu entscheiden, ob der Name bloss symbolisch oder traditionell totemistisch ist, eben weil wir finden dass die dadurch bezeichneten Individuen, wenn nicht schon islamisirt, doch bereits das Bewustsein der ursprünglichen Bedeutung ihrer Namen vergessen hatten und dieselbe jedenfalls künftigen Geschlechtern nicht überliefert ist. Wenn wir z. B. Türken treffen welche *Kiliǵ* (Schwert) genannt werden, so lässt sich dies aus der von Radloff angedeuteten Gewohnheit vollkommen erklären und dennoch ist es möglich dass der Name mit dem Schwertcultus zusammenhängt, welcher, wie wir von Jornandes wissen, bei den alten Hunnen bekannt und üblich war. Wenn man auch die spezielle totemistische Deutung vieler Namen verworfen möchte, so wird man doch nicht den Zusammenhang leugnen wollen, welche bei den Türken wie bei anderen Völkern zwischen der Namengebung und den religiösen Vorstellungen besteht.

Endlich wird man bei den Türken auch die zu Personennamen gewordenen Titel und Berufsnamen finden, so wie verschiedene symbolischen Ehrennamen, wie das überall auf der Welt vorkommt.

Wir wollen jetzt einige der am meisten vorkommenden türkischen Personennamen mittheilen und zur besseren Uebersicht dieselben folgendermassen klassificiren. Erstens theilen wir dieselben in 1° einfache und 2° zusammengesetzte. Die einfachen Namen werden wieder eingetheilt nach der oben mitgetheilten Uebersicht der Nominalformen. Die zusammengesetzten Personennamen werden unterschieden in: a) Nomina mit vorhergehendem bestimmendem Adjektivum; b) mit nachfolgendem bestimmendem Substantivum c) mit Verbalformen zusammengesetzte Nomina und d) Doppelnamen.

I. EINFACHE NOMINA.

Sehr häufig sind Thiernamen, wobei ich einige aufzähle, welche mir nur in Zusammensetzungen aufgestossen sind.

ارسلان *Arslan* Löwe.

بارس eigentlich پارس *Bars* oder *Pars* (Mongol.) Luchs oder Panther (= pers. يوز ar. فهد).

باجكم *Bäčkäm* Wolf.

بلبان *Balaban* Eine Art Sperber.

بوری *Büri* Wolf.

بيغو eig. پيغو *Pigu* Eine Art Falke.

بغرا oder بغرا *Bogra* oder *Bukra* Zweihöckeriger Kameelhengst.

بوغا, بغا oder بوقا *Boga*, *Buga* oder *Buka* (zweijähriger) Stier.

جاقر (جغر جقر) *Čakir* Sperber.

سنقر *Sonkor* (Vg. für andere Schreibweisen Quatremère, *Hist. des Sult. Maml. I* s. 90 n. 126). Eine Art Jagdfalke.

طای *Taj* zweijähriges Füllen eines Pferdes.

طغان (طوغان) *Dogan* oder *Togan* Edelfalke.

طغرل *Togrul* oder *Dogrul* Jagdfalke.

قاورت vielleicht = قورت oder قورد Wolf.

قوش *Kuš* (قش) Raubvogel, Vogel im allgem.

لاچين *Lagyn* Falke.

يلمان *Jälmän* Springhase.

Oft sind Personen benannt nach Himmelserscheinungen und leblosen Gegenständen. Beispiele:

كون *Kün* Sonne,

ای *Aj* Mond,

ايدين *Ajdyn* Mondschein,

يلدوز *Julduz* Stern (الدز IA XII, 122. 140—146 u. s. w.),

يلدرم *Jilderim* Blitz,

اياز *Ajaz* Heiterer Himmel,

بلت *Bulut* Wolke,

يغمر *Jagmur* Regen,

يل‎ *Jăl Jil* Wind,

دامان‎ *Tuman Duman* Nebel,

تون طون‎ *Tün* Abenddämmerung, Nacht,

 جارين‎ *Jaryn* Morgendämmerung, Morgen,

تنكز‎ oder دكز‎ *Tängiz Dingiz* Meer,

كوندوز‎ *Kündüz* Tag,

بوداق‎ *Budak* Zweig (= بوتا؟‎),

التون‎ *Altun* Gold,

كمش‎ *Gümüš* Silber,

(دمر تمور) تيمور‎ *Timur Dämir* Stahl,

تاش‎ *Taš Daš* Stein,

باغر‎ IA VII, 63, 89—81 u. s. w. vielleicht = باقر‎ *Bagyr* Kupfer.

جيبجك‎ *Čičäk* Blume.

قلج‎ *Kilič* Schwert,

(سناجو) سنكو‎ *Süngü* Lanze (Pers. نيزه نيزك‎),

(اشف) اشيف‎ *Ašyk* Helm,

(طوقماق) دقماق‎ *Dokmak* Streithammer,

طغج‎ *Tuguč* Schlägel,

طمغاج‎ *Tamgač* von تمغا‎ Stempel, Siegel,

سوبوك‎ *Sübük* Ferse Fuss,

بالتر‎ *Baldyr* Bein,

اردم‎ *Ārdäm* Vernunft,

Ehrennamen, Titel und Amtsbezeichnungen sind auch nicht selten, doch kommen einige nur in Zusammensetzungen vor wie بك‎, خان‎, تكين‎ u. s. w. Beispiele:

اينَاق‎ *Inak* Freund, Minister,

ينال‎ oder اينال‎ *Inal* Fürst bei den Kirgisen,

(قول) قل‎ *Kul* Sklave,

ار‎ *Er* Mann,

الب‎ *Alp* Held (Vg. IA VIII, 404 الف تكين‎),

ياغى‎ *Jagi* Feind,

چوبان‎ *Čupan* Hirt.

2°. Nomina Verbalia auf ك ش ج‎. Beispiele:

سونج (IA X, 464. (auch صونج) XII 147) von سونمك sich freuen also *Sewing* zu sprechen;

ايناج) اينانج Vg. *Recueil des Seldj.* II, 233 Note i) *Inäng* von اينانمق. —

تكش *Täkäš* von تكمك,

تتش *Tutuš* von توتمق halten,

بلك *Bilik* von بلمك wissen.

3°. Participialformen in positiver oder negativer Form:

a. Part. auf ان. Beispiele: بزان Πουζανος von بوزمق vernichten.

b. Part. auf ر (ار) in positiver Form:

سناجر *Sangar* von سناجمق durchstechen,

طپر *Tapar* (Name von Sangar's Bruder Mohammed) von تابمق) طابمق (Ταπάρης),

انر *Önär* von اونمك gedeihen?

c. in negativer Form:

الملس *Ölmäs* von المك Sterben,

سطماز *Satmas* von صاطمق ستمق verkaufen,

قايماز *Kajmas* von قايمق sich biegen,

قاجماس *Kagmas* von قاچمق قاجمق fliehen,

قرقماس *Korkmas* von قرقمق fürchten. —

3°. Part. auf مش sind äusserst häufig. Ich führe allein einige Beispiele an und lasse mich nicht auf eine Erklärung ein, welche bei der Ungewissheit der Ueberlieferung und der Vokalisation äusserst schwierig wäre.

اتلمش *Atlamyš.*

ارقمش?

اغرتمش *Ugurtmyš.*

اغلمش *Oglamyš.*

الترمش *Öldürmiš.*

الدتمش *Aldatmyš.*

اوتامش *Ötämiš.*

اوكرتمش *Ögärtmiš.*

تنامش?

جکرمش *Cökilrmiš?*

خطارمش *Kalarmyš.*

ستمش (falls nicht ستمس zu losen ist = ستماز) [1]

ستلمش *Satylmyš.*

سیورغتمش *Sajurgatmyš.*

قتلمش *Kutulmyš.*

توختامیش *Tochtamyš.*

برمش *Bizmiš* (nach Bar Hebräus Chron. Syr.)

برمش *Bärmiš* u. s. w. —

4°. Von einfachen Nominibus mittelst Suffixe abgeleitete Eigennamen.

1) Wie im arabischen sind auch im türkischen Deminutivformen als Personennamen üblich, meistens mit چق gebildet. Vg. oben s. 20. Beispiele: ارسلانچف IA X, 279, بغراچف Ibid. XI, 92.

2) Das Affix جه auch جا geschrieben (oben s. 20) ist ebenfalls häufig bei der Bildung von Eigennamen vertreten. Beispiele: (قراجه) سنقرچا Sonkor-ähnlich; اقچا weisslich; قراجا schwärzlich; کوکچه (IA XII 76) bläulich.

3) Die Affixe لو (لۍ) und سز. Vg. oben s. 21. Beispiele: طایلو Besitzer eines Füllens, Reiter; چاولۍ *Čawly* Berühmter [2]); اغرلو *Ugurlu* Glücklicher (ar. مبارك); اتسز (اطزز *Atsyz*, was auch geschrieben wird, Ohne Pferd.

4) Das Affix چی oben s. 21. Beispiele: بلداجی IA X, 226 Boilträger (von بالتد Boil); اکنچی Sämann (von اکین Saat); دلنچی (von دلنمك) Bettler.

5) Fraglich ist das Affix داش resp. تاش. Oben s. 21.

Herr Prof. Karabacek, *Mittheil. a. d. S. d. Papyrus Erzh. Rainer* 1887, s. 106 findet es in einigen türkischen Eigennamen z. B. in بكتاش und ارتاش und تاش ارسلان, allein mir scheint die Sache nicht sicher, weil oben das Wort تاش resp. داش, welches

---

1) Falsch ist jedenfalls سقمس bei IA XI, 143.

2) Unrichtig ist die Deutung Jagdfalke Z. D. M. G. XXXIX, 374 Note 2.

Stein bedeutet, in vielen türkischen Personennamen vorkommt
(s. unten). Allerdings scheinen die Zusammenstellungen : Mann-
Stein, Beg-Stein und Löwe-Stein sonderbar, doch das Befremden verliert seinen Grund, wenn man Zusammenstellungen
wie *Kiliǵ-Arslan* Schwert-Löwe, *Timur-boga* Stahl-Stier, *Aj
bars* Mond-Panther u. s. w. in Betracht zieht. So lange also
nicht ausdrücklich nachgewiesen wird, dass mit تـاش zusam-
mengestellte Personennamen nach der Analogie von قرنداش
u. s. w. zu erklären seien, bleibe die Sache dahingestellt.

II. ZUSAMMENGESETZTE NOMINA.

a mit vorhergehenden Adjektiven.

Die mit Adjektiven zusammengestellten Personennamen sind
äusserst häufig. Die am meisten gebräuchlichen Adjektiva sind
folgende:

اقّ: *Ak* weiss z. B. آقوش *Akuš* (eig. *Akkuš*); آقبغا *Akboga;*
اقطاى *Aktaj;* آقسنقر *Aksonkor;* آقبورى *Akbüri;* آقتاش *Aktaš*
Vg. Radloff, *Versuch eines Wörterb.* u. s. w. 89. —

قرا *Kura* schwarz z. B. قرا ارسلان *Kara-Arslan;* قراقش
Karakuš; قرا بغا *Kara-boga;* خـرابـغـره IA V, 152 = قرا بوقرا
Kara-bukra; قرا تـيـمـور *Kara-timur;* قرا سنقر *Kara-sonkor;*
قراطاى *Kara-taj;* قرواش = قراباش *Karawaš;* — قرا steht an der
zweiten Stelle in الب قرا = Αλπιχαρας (Nicet Choniat 17).

قزل *Kyzyl* roth z. B. قزل ارسلان *Kyzyl-Arslan.*

الا *Ala* grau z. B. الاقش *Alakuš;* الابغا *Alabuga.*

قنغر (Osm. قوڭور) *Kongur* schwarzgrau z. B. قنغرطاى *Kon-
gur-taj.*

منكلى *Mängli* gefleckt z. B. منكلىبغا *Mängli-boga.*

يولق *Joluk* gerupft z. B. يولق ارسلان *Joluk-Arslan.*

بوز *Boz* grau z. B. بوزقش *Bozkoš* (بزغش); بوزتمر *Boztimur*
(IA VIII, 482 يوزتمر).

طق *Tok* satt z. B. تق طوق) طقطاى *Toktaj.*

ارق *Arik* mager, schlank z. B. ارقطاى *Ariktaj.*

اسن *Äsän* gesund z. B. اسندمر *Asändämir* (دمر = تيمور).

توش *Tuš* gross, stark z. B. توشبغا *Tušboga;* توشتيمور
Tuštimur.

اذكو *ädkü* oder يذكو *jädkü* gut z. B. اذكوتكين *Adkütägin*
(Vg. Tabari III, 2024 note l. يدكوتكين).

كور *Kur* gross z. B. كربغا *Kurbuga;* auch in كورخان und
كورصول wie es scheint; doch in كورتكين und كوركبر ist es
vielleicht das persische كر wilder Esel (Vg. شيركبر). Vg. noch
كوربكنج IA IX, 39 und كرباوى ibid. X, 293.

كوك *Kök* blau: كوكبورى *Kökböri* (Imād ed-din, ed. Land-
berg s. 32); كوكتاش *Köktaš.*

يارخ يارق) يارق يارو غ (بارو غ *jarug* glänzend: يارختنكين *Jaruch-
tägin,* يارقتاش يا،قطاش) ياروقتناش) *Jaruktaš.*

بك *bek* oder *pek* sehr (fraglich) vg. بكتنش, بكتيمور im Index.

برك *Bark* sehr in بركيارق *Barkijaruk* (Graec. Παργιαρουχ
Anna Comn. I, 305) sehr glänzend (illustrissimus).

b) Doppelnamen.

Wenn sich die mit vorhergehendem Adjektivum gebildeten
Personennamen leicht erklären lassen, so lässt sich nicht so
leicht einsehen, wie zwei Substantiva zusammentreten können,
um so weniger wenn dieselben Begriffe ausdrücken, welche
gar nichts mit einander zu thun haben, ja sogar einander
ausschliessen. Nur diese Erklärung scheint mir zulässig, dass
man hier gar nicht mit zusammengesetzten, sondern mit Doppelnamen zu thun hat, wie solche bei uns und überall häufig
sind. Ist ferner die Vermuthung richtig, dass viele dieser
Namen eigentlich nach dem Totem des Stammes gegeben sind,
so würde der Doppelname davon herrühren, dass man bisweilen sowohl nach dem Totem des Stammes dem der Vater,
als nach demjenigen dem die Mutter angehörte benannt wurde.

So findet man mit Arslan: *Kilič-Arslan* (Schwert-Löwe).

mit Boga: *Altun-boga* (Gold-Stier), *Gümüš-Boga* (Silber-
Stier), *Timur-boga* (Stahl-Stier), *Arslan-Boga* (Löwe-Stier),
Tingiz-Boga (Meer-Stier), *Taj-Boga* (Füllen-Stier), *Il-boga*
(Land-Stier).

mit Timur: *Ašyk-timur* (Helm-Stahl), *Aj-dämir* (Mond
Stahl), *Taj-timur* (Füllen-Stahl), *Taš-timur* (Stein-Stahl).

mit Taš: *Altun-taš* (Gold-Stein), *Er-taš* (Mann-Stein), *Timur-
taš* (Stahl-Stein), *Arslan-taš* (Löwe-Stein), *Aj-taš* (Mond-Stein).

mit Dingiz: *Aj-dingiz* (Mond-Meer), *Il-dingiz* (Land-Meer),
Kün-dingiz (Sonne-Meer).

mit Bars: *Aj-bars* (Mond-Panther), *Taj-bars* (Füllen-Pan-
ther), *Buri-Bars* (Wolf-Panther).

mit Kuš: *Er-kuš* (ارغش) Mann-Vogel), *Ajaz-kuš* (Luft-Vogel).

mit Tugan: *Bars-Tugan* (Panther-Falke).

mit Togrul: *Er-togrul* (Mann-Jagdfalke) u. s. w.

Bisweilen aber sind die beiden Substantiva wirklich zu
einem Begriffe verbunden wie z. B. يرنقش (= قوش + ياربين)
Morgen-Vogel und طنقش (قوش + طون oder تون) Abend-Vogel.

Auch ist die vorgetragene Erklärung dieser Namen nicht
zulässig, wenn eines der Substantiven eine Würde oder einen
Titel andeutet z. B. بك = بَى in بيبرس, باىسنقر, باىبغا
und mit بك an zweiter Stelle اغل بك u. s. w. —
الب قوش, الب ارسلان in الب. —
خان (immer an der zweiten Stelle) in بغرا خان. —
تكين (immer an der zweiten Stelle) in كمشنتكين u. s. w. —
. ياغى ارسلان in ياغى. —
.غزغلى, ارغلى in اغلى.

Eigenthümlich sind Zusammensetzungen mit Zahlwörtern
wie الطبيرس *Alty-bars* Sechs-Panther.

طقورتمور *Dokuz-timur* Neun-Stahl.

c) Mit Verbalformen zusammengesetzte Personennamen.

Zu dieser Klasse gehören:

ابتغمش *Aj-togmyš* und (ايدغدى) ابتغدى) der Mond ist
aufgegangen = der aufgegangene Mond. Κοντογμην (Anna Comnen. II, 279, 280) statt Κοντογμης = كندغمش und كنتغدى
(كندغدى) die Sonne ist aufgegangen, — ارسلان تغمش der
Löwe ist geboren, — ايلدغدى der Friede ist geboren?

كلدى كی *Käi-gäldi* = *le bienvenu.*

تكريبردى *Tängribárdi* Gott hat gegeben = der von Gott gegebene, — Ταγριπερμης (Anna Comnen. II, 91. 94) = تكرى برمش (تكرى درمش) das nämliche. — منكوبردى der Ewige hat gegeben. So auch mit arabischen oder persischen Aequivalenten von تكرى z. B. حق‌بردى oder حقربردى *Hak-barai. Hakwardi,* جانبردى *Ganbardi.*

البصتى = ال Gegend + بصتى Perf. von بص unterjochen. Der Name des bösen Dämons Albasti hat hiermit nichts zu thun.

باغی بسان *Jagy-basan* Ιαγουπασαν (Nicet. Choniat. 152) der den Feind unterjocht, besiegt = باغی + بسان part. von باصمق (Vg. Solǵ II, ٢.٩ Note d). Ob vielleicht noch der nämliche Name in etwas geänderter Form, nämlich باغی سيان *Jagysijan* vorkommt ist zweifelhaft. سيان von (صمق) صيمق abgeleitet bedeutet das nämliche wie بسان. Ein Grund dafür liesse sich entnehmen aus der armenischen Transscription *Agh'oucian (Doc. Armen.* p. 31. Vg. die Note des Herausgebers) und derjenigen der occidentalischen Chroniken *Acxianus, An-sian, Gracianus* u. s. w.

B. DAS PRONOMEN.

A. Pronomen personale.

1. Person	Einzahl	من	Suffixum	مز		
	Mehrzahl	بز		م		
2. Person	Einzahl	سن	Suffixum	ن	(كنز	
	Mehrzahl	سز				
3. Person	Einzahl	أل	Suffixum	ی	oder سی
	Mehrzahl	انلار		لار		

Das Pronomen der dritten Person ist bekanntlich im tür-

---

1) Einmal findet sich غز nämlich in اورتاغزدا ٩. ٥٣.

kischen, wie sonst, ein ursprüngliches Pronomen demonstrativum. Was das Suffixum dieser Person betrifft, boi vokalischem Auslaute des Nomens wird ‏سى‎ statt ‏ى‎ gobraucht.

Die Doclination dieses Pronomens, soweit dieselbe aus den
im Codex vorkommenden Beispielen sich construiren lässt,
weist fünf Casus auf, nämlich Genitiv, Dativ, Accusativ, Locativ und Ablativ. Der Genitiv des Pronomens ist zugleich
Pronomen possessivum und lautet: ‏مَنِمْ‎, ‏سنِنْ‎ und ‏انِنْ‎, Mehrzahl ‏بِزِمْ‎, ‏سِزِنْ‎ und ‏انلارِنِنْ‎. Das Pronomen der ersten Person
hat also wie im osmanischen im Genitiv als Schlusskonsonanten ein ‏م‎ und nicht ein ‏ن‎.

Der Dativ ist immer kenntlich am Suffix ‏ك‎; wenn es an
‏مَنْ‎ und ‏سَنْ‎ tritt, fällt das ‏ن‎ aus, nämlich in der Schrift,
doch ist aus der Schreibweise ‏مـڭـا‎ (Kaf mit drei Punkten)
ersichtlich, dass in der Aussprache kein Ausfall stattfindet.

Der Accusativ lässt sich zufälligerweise beim Pronomen
personale nicht belegen, wohl aber beim Pronomen demonstrativum ‏بو‎ (‏مو‎) und beim Nomen. Er hat das Suffix ‏نى‎.

Der Locativ hat überall das Suffix ‏دا‎ und der Ablativ ‏دان‎.

Die Declination ist also ganz dieselbe, wie im Cod. Cumanicus und überhaupt in den sogenannten tatarischen Dialekten,
sowohl für das Nomen als für das Pronomen. Wir brauchen
uns also nicht länger dabei aufzuhalten.

Auch wenn die Casus-suffixe an ein Nomen, das bereits
mit einem Pronomen suffixum verbunden ist, treten, zeigen
sich die in allen Türksprachen gültigen Regel wirksam, auch
was betrifft ein Nomen mit einem Suffixum der dritten Person. Vg. z. B. ‏التـمدا‎ unter mir, ‏التـمـزدا‎ unter uns, ‏التـنـدا‎
unter dir ‏التـكـزدا‎ unter euch; doch mit der dritten Person:
‏انلارِن التـندا‎ (oder ‏منِن‎); Mehrzahl ‏انلار التـندا‎ (nicht ‏انلارِن التـندا‎).
Hingegen sagt man in der dritten Person, Mehrzahl ‏ارالارِندا‎
zwischen ihnen und ‏اورتـالـارِندا‎ in ihrer Mitte, indem die

Voranstellung des Pronomen separatum unterbleibt. Diese
Beispiele sind, wie man bemerkt, sämmtlich genommen von
Postpositionen, welche noch als eigentliche Nomina behan-
delt worden. Betrifft es aber solche, welche schon als Nomina
erstarrt und zu blossen Partikeln herabgesunken sind, so genügt die einfache Voranstellung des Pronomen separatum im
Genitiv (ausgenommen beim Pron. der 3ten Pers. Mehrz. welches das Zeichen des Gen. nicht annimmt) z. B. منم اجـن
meinetwegen, سنـن اجـن deinetwegen, مـونـن اجـن seinetwe-
gen; hingegen مونلار اجـن ihretwegen. Die Postposition بلا wird
bei den verschiedenen Pronominibus verschieden construirt.
Man sagt wie bei اجـن z. B. سنـن بلا mit dir, سزن بـلا mit
euch, hingegen بـلمـدا mit mir und بلامـدا mit uns und endlich بلاسندا, انـن بلالازندا, انـلار بلاسندا, مـونـلار und dennoch
مونـن بلا was aber wohl ungenau ist für بلاسندا.
Das Pronomen demonstrativum lautet بـو, Gen. مونـن, Dat.
مـوكا, Acc. مونى u. s. w. Mehrzahl مونـلار. Für das entfernte
Objekt hat man, wie gewöhnlich أل, Gen. انـن, Mehrz. انـلار
welches wir bereits beim Pronomen Personale kennen gelernt
haben.

Pronomina interrogativa und indefinita sind: كم wer, نا
was, نَسَا Cod. Cum. p. 70 *neza* was es auch sei (= نه سى.
Anders Radloff = نه + اسا = ارسا); أزكا أ etwas anderes als (Ar.
غير = Osman. اوزكه. Cod. Cum. p. 170 74 ösge oxga) und اكـو
dasselbe. Letzteres Wort ist ohne Zweifel verwandt mit اكـاى
in Zusammensetzungen wie أكـاى اغـلان Schwiegersohn eig.
ein anderer als der (wirkliche) Sohn, wofür man im Osman.
اوكه hat.

C. DAS VERBUM.

Der im Imperativ (2 Pers. sing.) zum Vorschein tretende
Stamm des Verbums ist entweder ursprünglich oder abge-

leitet. Abgeleitete Verbalstämme sind entweder Denominativa oder Deverbalia oder beides. Beinahe von jedem Nomen kann ein Verbalstamm gebildet werden durch Hinzufügung der Silbe لا z. B. أنتك Erzählung — اتكلا lügen, اغرى Dieb — لاغر stehlen u. s. w.

Deverbalia werden sowohl von ursprünglichen Verbalstämmen als von Denominativen gebildet um ein Passivum, Reflexivum, Reciprocum, besonders aber um Causativen zu erhalten, welche letztere wiederum als einfacher Stamm betrachtet werden können und ein zweites Passivum u. s. w. bilden.

Das Passivum wird gebildet durch Hinzufügung eines ل z. B. ايرلمق von ايرمق, سطلمش von ساط u. s. w.

Das Reflexivum hat einem mit ن vermehrten Stamm z. B. سونمك sich freuen von سومك, ارتنمك sich verbergen von ارتمك, يونمك sich waschen von يومك u. s. w.

Beim Reciprocum wird der Verbalstamm mit ش vermehrt. Beispiele: ارقا Rücken (metaph. Stütze), davon der Verbalstamm ارقالا reciproc. ارقالاشمق einander helfen. Ebenso von dem persischen Worte دوست Freund abgeleitet دوستلاشمك sich mit einander befreunden, Frieden halten; بلشمق einander helfen von بولمق u. s. w.

Das Causativum wird gebildet durch در oder تر. Letzteres Suffix erscheint in unserem Glossar bei Verbalstämmen welche auf ش und ط auslauten z. B. — اولاشتر vertheilen, — يپشتر ankleben, — بولاشتر zerstreuen (diese drei Beispiele sind eigentlich Causativen von Reciprocis), — طاطتر schmecken lassen. Einmal erscheint تر auch hinter ل (wo sonst در steht z. B. — الدر tödten von الـمك sterben) nämlich in كلتـرمك bringen von كلمك kommen. Beispiele mit در sind u. a. — اكدر erwähnen von اكمق sich erinnern, — ازدر verringern von از wenig, — سبندر löschen, — يندر anzünden, — قزدر heizen. Vg. unter d.

b) Endigt aber der Stamm auf ein ت, so wird entweder

das ت elidirt z. B. — يــدر vorschlingen machen von يــوت vorschlingen [1]), oder das د fällt weg z. B. — قيـتر wiederbringen von قيـن zurückkehren, ارتر vermehren vom Stamme ارت in ارتق Vermehrung.

c) Nach den Konsonanten چ, ى und غ wird das Causativum durch Hinzufügung von ر mit Elision des د gebildet z. B. — اجِر tränken von اچ trinken, چقِر ablegen von چق ausziehen, طغِر gebären von طغ geboren werden. In einigen Beispielen aber wird das ى welches in diesen Fällen wohl Bildungssuffix ist und nicht zum Stamme gehört im Caus. elidirt und tritt an dessen Stelle das Causativ-suffix ت z. B. قرت einschüchtern von قرق fürchten; يمشت geschmeidig machen von يمشق geschmeidig; يكست heben von يكسك; سوت abkühlen von سوك kalt.

d) Nach Vokalen (in den folgenden Beispielen immer bei mehrsilbigen Stämmen) und nach den Konsonanten ز, رر und ك genügt bisweilen ein einfaches ت als Causativsuffix. Beispiele: اشلات jemanden beschäftigen von اشلا denominat. von اش Sache, يكلات aufladen von يكلا denominat. von يوك Last, يرت antreiben von يوري laufen, تبرت in Bewegung bringen von (Osm.) تــبــرا, دوزت mit Staub bedecken von دوز Staub; بركت verstärken von برك stark.

e) In einem einzigen Beispiele tritt als Causativsuffix زر auf, nämlich in امزر säugen von ام saugen, doch ist dies nach Radloff, *Versuch* u. s. w. 967 nur scheinbar, weil امزا = امزر + ابر sein soll.

Viele Verbalstämme sind aus einem Nominal- und einem Verbalstamm zusammengesetzt. Sehr deutlich ist dies bei انطرت aus ان Mehl und طرت = mahlen, صويت aus صو Wasser und

---

1) Gewöhnlich wird يدرمك von يمك essen hergeleitet. Kasem-beg-Zenker § 303; allein in der IIs. steht deutlich vocalisirt يَدِر.

يق näher bringen = Thiere tränken, zum Trinkplatz führen,
اندﯨ aus اند Eid + اﭺ trinken = schwören. Zweifelhaft sind
Wörter als ازدا suchen von ايزﺮ Fusspur; الــدا betrügen von
ال List und انداﻻ rufen von ان Geräusch, welche mit دا = دمك
sagen zusammengesetzt scheinen, doch nach Radloff a. a. O. s.
1544 soll دا hier mit لا (oder لﯢ) wechseln.

Zusammengesetzte Verba werden weiter gebildet durch die

Verba بﺮمك geben; بلمق sein; طﺮمق stehen und قﯨﯩمق setzen
verbunden mit einem Nomen, respect. vokalisch auslautendem
Particip auf ا = a oder ä, auch ﮐ. Vg. oben s. 16. Beispiele: تكا قﯨﯩمق كﺮا ans Holz schlagen, aufhängen; قﯨﯩمق
pflanzen; طﺮمق بقا warten; بﺮمك صالﯽ freilassen; املﺎﻕ بلمق
lieben; بلمق طﺎس verloren sein u. s. w. Ueber ادم u. s. w.
vg. unten.

Was die Conjugation anbelangt, so unterscheidet das Glossar
ausser den Imperativformen drei Tempora, nämlich Perfectum, Futurum und Präsens (oder Aorist). Sämmtliche Formen
des Verbums — چﺮ schreiben sind also folgende:

Perfectum	Futurum	Aorist
چﺮدم	چﺮغﺎمن	چﺮرمن
چﺮدن	چﺮغﺎسن	چﺮرسن
چﺮدﯨ	چﺮغﺎﯨ	چﺮر
چﺮدغ	چﺮغﺎبﺰ	چﺮربﺰ
چﺮدكﺰ	چﺮغﺎسﺰ	چﺮرسﺰ
چﺮدﯨلار,	چﺮغﺎﯨلار	چﺮرلار

Wir haben es unnöthig geglaubt auch die correspondiren-
den Formen beim Verbum negativum anzugeben, weil dieselben keine Schwierigkeit machen. Im Perfektum wird dabei
der Stamm چﺮ ganz einfach verlängert in چﺮما, statt dessen
im Aorist چﺮمﺎز auftritt mit ز für ر, wie in anderen Türksprachen. Im Futur hingegen finden wir: چﺮميﺎسن ,چﺮميﺎمن,
چﺮميﺎ, چﺮميﺎبﺰ, چﺮميﺎسﺰ, چﺮميﺎلار. Offenbar correspondiren
diese Formen nicht mit dem Futurum auf غﺎمن u. s. w. son-

dern mit den im Osmanischen für den Optativ verwendeten
Vorbalformen جزامی , جزاسن چزا (چزیم چزوسن , چزو). Wirk-
lich kommen letztere, wie ich in der *Zeitschrift d. D. M. G.*,
Band XLIII, s. 73 nachgewiesen habe im alt-türkischen mit
Futurbedeutung vor.

Dies Futurum ist bei Kasembeg-Zenker, *Gramm.* s. 150, 151
als Fut. IV bezeichnet in den tatarischen Dialecten. Oben
aber treten die Pronominal-Suffixe an die Form چزغا, nicht
چزغـای wie im *Codex Cumanicus*, wo geschrieben steht
(Géza Kuun s. 3) *esitchaymen, esitchaysen, esitchay, esit-
chaybis, esitchaysis, esitchaylar* (Bei der 3 Pers. Plur. ist zwar
das y später hineingeschrieben). Wie es mir scheinen will, ist
das ursprüngliche Nomen Futuri چزغان dessen ن am Ende
abgefallen ist. Dieses Nomen auf غـان resp. كـان wird zwar
als Partic. Praes. verwendet, wie wir unten schon werden,
doch war der temporelle Unterschied dabei anfänglich nicht
genau ausgebildet, sodass es bisweilen Futur- bisweilen Prae-
sens- und sogar Perfekt-bedeutung hat.

Wenngleich der Verfasser von anderen Zeitformen schweigt,
so ist aus zerstreuten Stellen des Glossars zu schliessen auf das
Vorkommen des Perfektums auf مش in den folgenden Beispielen: بشمش und سوكلمش mit ات Fleisch verbunden =
gekochtes und zertheiltes Fleisch und im Personennamen
كنلغمش die Sonne ist aufgegangen.

Auch kennt der Verfasser das Hülfsverbum ادی , ادن, ادم
s. o., welches in der Verbindung mit dem Praesens, Per-
fect und Futurum das Imperfectum, Plusquamperfectum und
Futurum Exactum bildet.

Von Participialformen findet man 1° die Form auf كـان
oder قـان in يرتقان Schöpfer; يرنغان Barmherziger; كلكان يل
das kommende (nächste) Jahr, wo dieselbe Futur-Bedeutung
hat, wie umgekehrt in كجكان يل das vergangene Jahr Perfekt-Bedeutung, hingegen in طاشقان سو überfliessendes Wasser = Sturzbach Praesens-Bedeutung.

2º. Das Nomen Aoristi in اقار صو strömendes Wasser.

3º. Das Nomen Futuri auf داچی in كنـچیـكن كلداچی Ueber-über-
morgen und كلداچی یل das zweitfolgende Jahr. Vg. meine
darauf bezüglichen Bemerkungen in der *Zeitschrift d. D. M. G.*
Band XLIII, s. 74.

4º. Das Particip auf ن in یل ابلشیبین das zweitletzte Jahr.
Der Imperativ hat Formen für die zweite und die dritte Person Sing. und Plur. Die 2 Pers. Sing. ist mit dem Verbalstamme
identisch چز, wird aber gewöhnlich mit dem Suffixe قل كل oder
غل verstärkt, doch allein bei einem positiven Gebote, in der
negativen Form sagt man stets چزما. Für die 2te Pers. Plur.
sind 2 Formen da, nämlich: 1º mit dem Pronominal-affix چزكز also
چزكز und 2º mit nasalirtem Schlussnun also چزن. (Auch geschrieben mit ذك s. ١٣, 2 طرذك). Der Verfasser behauptet dass letztere
Form zu seiner Zeit (الان) gebräuchlicher war als erstere. Die
3te Person hat das Suffix صن woran im Plur. noch das Plural-
suffix tritt, also چزصن und چزصنلار.

Hiermit haben wir das grammatische Material unseres Glossars so weit möglich geordnet zusammengestellt, denn es ist
nicht nöthig jetzt noch von den Partikeln zu reden, welche
der Autor in der 4ten Abtheilung seiner Arbeit in bunter
Unordnung aufzählt. Dabei wird kein Unterschied gemacht
zwischen Fragepartikeln, Hülfsverben, Bildungssuffixen, Ca-
susendungen, eigentlichen Postpositionen u. s. w. Das meiste
davon ist oben an den geeigneten Stellen schon verwerthet
geworden (vg. s. 36); es würde noch erübrigen die Liste
der eigentlichen Postpositionen mitzutheilen, doch weil diese
sämmtlich im nachstehenden alphabetischen Index angeführt
sind, scheint dies überflüssig. Was die Fragepartikel مو betrifft, so bemerkt der Verfasser dass dieselbe beim Perfectum,
Futurum oder Präsens immer nachgesetzt wird, ausgenommen
wenn die Pronomina der 1ste oder 2ten Person darin vorkommen, in welchem Falle die Partikel vor dieses Pronomen tritt.

ZWEITER THEIL. DAS WÖRTERVERZEICHNISS [1]).

ا

اب *öp* C. *op* Imp. ابكل ۳۸ .s küssen.

اباق *abak* Vg. Radl. W. 621 *abak* (krm.) das Götzenbild. s. ۱۸
Puppe des chinesischen Schattenspiels. Marionette = قبرجوق.

ابتچی *âpči* C. *epzi* (= او + چی) s. ۲٥, ۳۳ Gattin. — طل ابتچی
tul epči ibid. Wittwe.

ابرو ? (türkm.) s. ۳۱ dumm.

ابشقا *abyska* C. *abuscha* s. ۲۴ Gross. Šoch.

ات *ät* C. *et* s. ۱٥, ٥. Fleisch. — بشمش ات *bišmiš ät* ibid. gekochtes Fleisch. — سوكلمش ات *sökilmiš ät* ibid. Fleischschnitze.
— كسك ات *käsäk ät* ibid. ein Stück Fleisch. — اتچی *ätči*
s. ۲۴, ٥. Fleischer.

ات *ät* C. *et* Imp. اتكل Vg. unter اقن und ياوا.

ات *it* C. *itt* s. ۱۱ Hund. — طازی ات *tazy it* ibid. Windspiel (eig.
arabischer Hund). — كوپك ات *köpäk it* ibid. Hirtenhund.

---

1) Anm. In diesem Index bedeutet Radl. ohne weiteres: Radloff, *Das türkische Sprachmaterial des Cod. Comanicus*. — Radl. W. Radloff, *Versuch eines Wörterbuches der Türk-dialecte*. — C. = *Cod. Comanicus* ed. Geza Kuun. — Selg = *Die Seldschukischen Verse im Rebāb Nāmeh* von Radloff und Salemann (*Mélang. Asiat*. t. X livr. 1 et 2). — Die übrigen Citate brauchen nicht erklärt zu werden.

grosser Hund [1]). — اتـك itük (türkm.) ibid. Jung eines Hundes = كـجـك.

اتر ötür Vg. C. 136 jötkur Imp. اترکل s. ٣٩١ husten. Inf. اتـرمـك s. ٣٣٣ das Husten.

اتـرکـو ütürgü C. uturgu scopellus pers. scana (= شـانـه) s. ٣٣. Hohlbohrer. Radl. der Hobel; ders. W. 1344 Meissel. Stemmeisen.

اتروك ötrük s. ٢٧ Lüge. — اتروك سيـلا ötrük söilä s. ٣٩١ lügen. C hat otruczi der Lügner.

اتكف äläk s. ١٩ Saum eines Kleides.

اتكى ütük s. ٢٣٣ Erzählung. — اتككلا ütüklä Imp. اتككلكل s. ٣٩ aufschneiden, lügen.

اتـمـكى ätmäk C. etmac s. ١٥, ٥., ٥١٣ Brod. — بـبقا اتـمـكى jopka ätmäk s. ١٩ eine Art dünnes Gebäck. — اتـمـكـچـى ätmäkči C. etmaci s. ٢٣٣, ٥. Bäcker. — اتـمـكسبز ätmäksiz s. ٥٢ brodlos.

اتروك itük C. etic s. ١٩ Schuh. Vg. u. ادم.

اچ ač C. ac s. ٢٩ nüchtern, hungrig.

اچ ač C. az. ac Imp. اچقل s. ٣٣۴ öffnen. — اچقچم ačkuč C. acchuz s. ٩ Schlüssel.

اچ ič C. iz, ic, yz Imp. اچكل s. ٣٣۴, ٥١٣, Perf. اچتى s. ٥٩ trinken. Vg. u. اندا. — اچر ičür Imp. اچركل s. ٣٣۴ Causat. = tränken. Selg. dass.

اچ uč C. uc Imp. اچكل s. ۴١ fliegen.

اچرم üčürüm s. ٥ jäher Abhang.

اچز učuz C. ucux s. ٢٧ billig. — اچزلبق učuzlyk ibid. Billigkeit.

اچطن ičton (= اچ + ضـون) s. ١٨ Hosen. Unterhosen. Vg. Radl. W. 1513.

---

1) Die arabische Uebersetzung hat الكلب الزوبرى, doch ich habe das Wort الزوبرى in den Wörterbüchern nicht gefunden. Vielleicht lässt es sich deuten als nom. rel. von زوبر oder زوبر princeps populi d. h. königlicher Hund, grosser Hund. Für الكلب السلاق vg. Jākūt unter سلـوقـبـة; Dozy, Suppl. u. سلاقى (سلـوقـى).

اچق *učuk* s. ٣٣ Entzündung.

اچقى *ačky* s. ٣١ Vatorsbrudor; hängt wohl mit اجكا *la* mongol. = Vator zusammen.

اجكى *üčki* C. *ezchi* s. ١ə Ziogo. Das Woibchon heisst ibid. تشى اجكى, dor Bock تكا.

اجمق *učmak* (türkın.) C. *učmac* s. ٨ Paradios.

اچليك *ičlik* aus اج ا = ايچ + ليك s. ١٩ Innonsoito, Füttorung.

اچن *üčün* C. *ucun uzun* Solĝ ايچن s. oٴ, ∞ wogon.

اچى *ačy* C. *aci* s. ٢٧ bittor.

اخر *achor* pers. اخور s. ٩ Stall, Krippo.

اتسيز *atsyz* aus ات + سيز namenlos. Vg. untor برمف.

ادم *idim* odor *itim*. Vg. übor dio Boschaffonhoit dos د dio Bomorkung dos Vorfassors s. ٢١ Schritt.

اودنج *ödünč* C. *otunz* s. ٣٩ Darlohon. — اودنج ال *ödünč al* ibid. borgon.

ادو *ödü?* s. ١٩ Athom odor Soolo (arab. نفس).

ار *är* C. *er* s. ٢ʕ Mann. Das Wort stockt auch in don Namon اركك — s. ٣٠٠. — قارى , شرقرى , رومرى , تركرى , اوجرى , اغاجرى *ärkäk* Solĝ. dass. s. ٢ʕ männlich. — اركان *ärkän* s. ٢ο Junggosollo.

ار *ar* C. *ar* Imp. ارغل s. ٣ʕ sich ormüdon. Inf. als Nomon ارمق *armak* s. ٢٧ Ermüdung. — ارماوو *armaıcu* s. ٣١ trägo.

ار *ir* Imp. ارکل s. ٣٧ oinholon. Dom Vorfassor zufolgo bodoutot das vorb. auch untorfragon, wofür gowöhnlich ارا *ara* stoht.

ارا *ara* C. *ara* s. oۤ zwischon.

اربا *araba* = arab. عربه C. *araba* s. ٩ Wagon.

اربا *arpa* C. *arpa* s. ٩ Gorsto.

اربكا So habo ich nach dor IIs. s. ٨ druckon lasson, das Riohtigo ist wohl ارنكا *ärängä*. Vg. *ärängi* Kohlrübo boi Radl. W. 757.

اربه *?* s. ١٢ viorjährigos Pford = دنان. Stockt hiorin violloicht irgondwolcho Abloitung von arab. اربع *?*

ارت *ört* Imp. ارنكل s. ٣٩ verborgen. — ارتنكل *örtin* Imp. ارتن ibid. Vorb. roflox. sich vorborgon.

ارتا *ärtä* C. *erta arta* s. ٢٨ Morgen.

ارتا *orta* s. ة‍ Mitte. Vg. u. بـرمق.

ارتاق *ortak* C. *ortac* s. ٣٢, ۴١ Gefährte — ارتاق بل *ortak bol* s. ۴١ sich zu jem. gesellen.

ارتر *artur*, C. *artir* Imp. ارترغل s. ۴. Verb. caus. vermehren — ارتـق *artuk* C *artuc*, *artuch*, *artuk* s. ٢٨, ۴. Vermehrung, mehr.

ارج *oruč* = pers. روزه. C. *oruz* — ارج طب *oruč tut* s. ۴١ fasten.

اردم *ärdäm.* — اردملی *ärdämli.* C. *erdamli* (auch mongol.) s. ٣٩ vernünftig.

ارسلان *arslan* s. ٣. Eigenname vg. u. اسلان.

ارشك ? s. ٢٣ Bohrer = اشكو.

ارشن *aršun* C. *arsun* s. ٢٣ Elle.

ارق *aruk (aryk)* C. *areg* s. ٢٧ mager.

ارق *ork?* dial statt بق s. ٢١ Excremente.

ارقا *arka* C. *archa* s. ٢١ Rücken. *metaph.* Hülfe. — ارقـالاش *arkalaš* Verb. denom. recipr. s. ۴٢ einander helfen. — ارقا بر *arka bär* s. ٣۴, ۴. helfen.

ارك *ärik.* — صارو ارك *saru ärik* s. ٧ (*türkm.*) Aprikose.

اركاك *und* اركان vg. u. ار.

اركت *ürküt* Imp. اركتكل s. ٣٩ verscheuchen.

اركچ *örgüč* s. ١۴ Kameelhöcker.

اركمك *ärikmäk* vg. C. *erik* s. ٢٧ Ekel.

ارلا *yrla* C, *irla*, *yrla* Radl. *jyrla.* Imp. ارلاكل s. ۴٢ singen. — ارلايچی *yrlaičy* s. ٢۴ Sänger.

ارلغ *urlug* C. *urluc* s. ٩ Saat.

ارمان *orman* C. *orman* s. ٨ Wald. Dickicht.

ارمت *armut* C. *armut* = pers. امروت oder امرود s. ٧ (*türkm.*) Birne = كرتما.

ارن *ärin* C. *erni* gingiva. Vg. Radl. W. s. 766 u. *äring* s. ٢. Lippe. 2° Eiter.

ارن *So habe ich herausgegeben* s. ٩, doch die Lesart der Hs. ازن ist wieder herzustellen. Vg. also u. ازن.

ارنكا *ärängä* s. oben u. اربكا s. ٨ Rûbe. — اجى ارنكا *aťy ärängä* Rottig (eig. bittere Rûbe).

ارو *aru* s. l. Biene.

ارو *aru·(ary)* C. *are, arri* Solġ. ارى s. ٢v rein.

ارو *uru* s. ٣١ Halt. — ارو طر *uru tur* s. ٣٣ Halt machen.

اروك *örük* dial. statt اتروك s. ٢v (wie der Verfasser behauptet, ist diese Form des Wortes unbekannt (لا لــغــذ وهــى (يعرفها احد.

ارى *iri* s. ٣١ rauh, grob.

از *az* C *ax, as* s. ٢ه wenig. — Deminut. ازاجقى *azaťyk* s. ٢ه ein klein wenig. Vg. سن.

از *az* Imp. ازغل s. ٢١ sich verirren.

از *oz* C. 200 *öz* Imp. ازغل s. ٣ه vorhergehen.

ازا Vg. unter طاى. Radl. W. 914 *äjä* (Kirg.) = Mütterchen (Anrede an alte Frauen).

ازبر *azbar* s. ٦ Viehhof.

ازت *üzit* s. ٣٣ Teufel. Vg. Klaproth, *Sprache und Schrift der Uiguren* s. 17 a: *ussit* Böser Dämon.

ازدا *izdä* C. *ixda ysda.* Solġ. استد. Imp. ازداكل s. ٣٣ (aus ايز اُ + (دا) suchen.

اردر *äedür* Imp. ازدركل s. ٢. schmelzen. — Radl. W. 901 zerreiben, auflösen lassen.

ازرغا *azyrga* Imp. ازرغاغل s. ٣v (von از! wenig abgeleitet) verachten. Vg. P. de C. unter ازرغنمق!. Radl. W. 571.

ازغ *azyg* s. ٢. Backenzahn = Osm. ازو!.

ازكا *özgä* s. of ein anderer.

ازلك *izlik* s. ١٩ (von ايز abgeleitet) eine Art Schuhe = بشماق.

ازن So zu lesen statt ارن. Vg. Radl. W. 1293 *özön*, 1302 *özön* (Kirg.) s. ٦ Fluss.

ازون *uxun* C. 86 *uxun* s. ٢ه lang. — Imp. ازنغل s. ٢١ lang sein. — قلاغى ازن *kulagy uxun* s. ١٢ Langohr.

ازرماك *üzjürimäk* (aus اوز + يورىماك) s. ٣٣ die Ruhr. Man sagt auch ازتكا!.

اس *äs* Imp. اسكل s. ٢٢ hauchen.

اسپُرلا üspürlä scheint vom pers. سپردن dass. gebildet. Imp.
اسپرلاكل s. ۴۱ übergeben.

اسّت üst C. ust. s. ۰۱۳ Obertheil, oberhalb. طام اسّتی tam
üsti s. ۱ Dach. — اوسّتُن üstün s. ۳۱ auf.

اسّتُما Vg. unter اسی.

اسرا äsrä s. ۰۱, ov fernst, äusserst. — اسراكو كون äsräkü
kün s. ۲۸ Vorgestern. Radloff, Phonet s. 37 unten giebt
als Altaisch rašqun (aus rašky kün zusammengezogen).

اسروك äsrük s. ۳۱ betrunken. Vg. C. 194 esirtir.

اسلان aslan = ارسلان. C. 127 astlan s. ۱۱ Löwe.

اسن äsän s. ۳۱ gesund. Auch Personenname in Zusammensetzungen wie اسندمر,اسنبای s. ۳۱, ۳.. — اسنلاش äsänläš
s. ۴۴ sich Lebewohl sagen.

اسّنا äsnä Imp. اسناكل s. ۳۸ gähnen. — اسنامك äsnämäk
s. ۳۳۳ das Nomen davon als Namen einer Krankheit, das
Gähnen.

اسی yssy. C. yssi, ysy, isi. s. ۰, ۲v heiss. — اسی صو yssy
su s. ۱ warmes Bad. — اسن yssin C. issin. Imp. اسنكل
s. ۳۱ sich wärmen. — استما yssitma s. ۳۳۳ hitziges Fieber.

اش aš C. as s. ۱۰ Speise. — اش بلصن aš bolsun Wohl bekomm's.
Prosit! — اشا aša C. aša aza Imp. اشاغل s. ۴۳ essen.

اش äs Imp. اشكل s. ۱۰, ۴۱ im Passe reiten. — اشكون äškün
s. ۱۳ Passgänger.

اشت äšit C. esit. Imp. اشتكل s. ۳۳۳ hören.

اشغ ašag s. ۲۰ niedrig. — اشغا ašaga s. ۲۱ unten. — اشغف
ašgak s. ۴۱ Beinsehne. Vg. Radloff W. 598 unter aškak
Hackensehne.

اشغ ašyk s. ۱۳ Helm.

اشاك äšäk C. esac s. ۱۲ Esel. — تشی اشك tiši äšäk Eselin. —
اشكلو äšäklü s. ۰۱ Besitzer eines Esels. اشكسیز s. ۰۲.

اشك äšik C. esich s. ۱ Thüre. Oberschwelle.

اُشْـك *ńšük* s. ٢٣ Fedor (Kalam). C. 225 *üzük* nach Radloff s. 21 a Buchstabe. Mongol. *üssük* Buchstab. Schreibfeder bei Schmidt s. 78 a.

اشكو *üškü* C. *uscu yona.* Radloff 20 a das Schabeisen s. ٢٣ Bohrer.

اشلا *išlä* C. *isla* Imp. اشلاكل s. ٣ه sich beschäftigen. — اشلات *išlät* Imp. اشلاتكل s. ٣ه jem. beschäftigen.

اُشى *üši (üšü)* C. 27 *usi mac, frigeo* Imp. اشـيـكـل s. ٣٩ frieren.

اس *as* C. *as* Imp. اصـقـل s. ٣f, f٢ aufhängen. — اصرغاق *asyrgak* s. ١ٰ Ohrgehänge.

اُس *us* C. 53 *ux* Selg. اوس s. ١١ Vernunft. — اصلو *uslu* s. ٢ه klug. — اصسيز *ussyz* ibid. unklug. Selg. dass.

اصر *usur* Imp. اصرغل s. ٣٩ furzen.

اتّـغ *assyg* C. 185. 189 *azih, azik, asuc* s. ٢٨ Gewinn.

اطا·*at* C. *at* s. ١٢ Pferd. — اطلو *atlu* s. ٣٩, ٥١, ٥٥ Reiter. — اطسيز ohne Pferd s. ٥٢.

اط *at* C. *at* Imp. اطقل s. ٣f werfen. — اضماجا *atmača* vg. unter دلغان.

اط *ot* Imp. اتقل s. ٣٨ überholen. besiegen.

اطا *ata* C. *atta, ata* s. ٣١ Vater. — قين اطا *kšjin ata* s. ٣٢ Schwiegervater. — قزندٰاشى اطا Oheim s. ٣١.

اطز *otuz* C. *otus* s. ٢٢ dreissig.

اغ *ag* C. *ag* s. ١. Netz.

اغاچ *agač* C. *agac* s. v Baum. Holz. — شام اغاجى *šam agačy* s. ٨ Pinie. — اغاجرى *agačäri* (= Ακατζιρ) Waldmann s. ٣..

اُغان *ogan* s. ٣ dial. Gott.

آغر *agyr* C. 76 *ager* s. ٢v schwer. — اغرلا *agyrla* Imp. اغرلاغل s. ٣v jem. ehren. — اغرشق *agyršak* s. ١v. Schwergewicht der Spindel.

4

اُغْرُت *ugurt?* s. ۳۸ Schluck. — اُغُـرتـلاغِـل *ugurtla* ibid. ver-
schlucken.

اُغْرِى *agry* s. ۳۲ Schmerz.

اُغْرِى *ogry* s. ۲o Dieb. — اُغرِلا *ogryla*. Imp. اُغرِلاغِل s. ۳o stehlen.

اُغِز *aguz.* — اُغِز غلان *aguz oglan* s. ۲۴ Säugling.

اُغُل *ogul* C. *ogul* s. ۳۲ Sohn. — اُغلان *oglan* C. *oglan* s. ۲۴ Jungen.
Sklave. — قِز اُغلان *kyz oglan* s. ۲o Jungfrau. — كِم اُغلان
küč oglan s. ۲۴ Kleiner Bube. — اُغِز اُغلان s. unter اُغِز.

اُغِل *agul.* — اُغلداش *aguldaš* s. ۳۲ Aulgenosse. Nachbar.

اُغلا *ygla* C. *ygla* Radl. 43 *jygla* Imp. اُغلاغِل s. ۳۴ weinen.

اُغَلَقْ *ogalak* C. 128 *ogalach* s. ۱o Zicklein.

اُغِن *agyn* C. *agin* Imp. اُغِنغِل s. ۳۳ aufsteigen. — اُغِنـغـاج
agyngač C. 120 *agingic* s. ۹ Treppe.

اُغِن *ygna* (?) Radl. W. *agina* Perf. اُغِندِى s. ۱۱۳ sich wälzen.

اُغو *agu* s. ۲v bitter. 2o Gift.

اُق *ak* C. *ac* s. ۳۱, ۵. weiss. Intensiv اُق اُب *apak* ibid. *Ak*
bildet das erste Element in den Eigennamen اقبلا, اقچيبا,
اقوش s. ۲۹. und اقسنقر, اقطاى.

اُق *ak* Partic. اقار vg. unter صو.

اُق *ok* C. *oh* s. ۱۳ Pfeil. — اقچِى *okči* C. *oghci* s. ۲۴ Pfeil-
macher. Schütze.

اَقُرُق *akruk* (*ukruk*) s. ۱۳ Seil womit Pferde in einem Bauern-
hofe angebunden werden. Vg. Radloff, *Proben der Volks-
liter. u. s. w.* IV, 71 u. s. w. (Uebersetzung 90: Fangstab)
und *Kuruk* Schlinge (Kirg.).

اقسُر *aksur* Imp. اقسُركِل (*sic* nicht اقسُرغِل) s. ۳۴ niesen.

اقشام *akšam* C. 80 *acsan* s. ۲۸ Abend.

اقلاغو *uklagu* s. ۱v Nudelwalze der Bäcker. Vg. für die arabische Uebersetzung unten bei چاولِى.

اقن akyn s. ۱۴ Raubzug. — اقن ات akyn ät s. ۴۲ Raubzüge veranstalten.

آقى aky s. ۳۱ odel. freigebig. Vambéry, Uigur. dass. Die Ableitung vom ar. حَقّ bei Radloff, W. 154 ist unrichtig, wahrscheinlich ist das Wort mit اُ weiss zusammenzustellen.

اقى oky C. oku(mak). Imp. اقِيغل s. ۳۳۳ lesen.

اك äk Imp. اككل s. ۳۳۳ säen. — اكن äkin s. ۹ Saat. — اكنجى äkinči s. ۹, ۲۴ Sämann.

اك äg äng Imp. اككل s. ۴۲ krümmen, daher اكن ägin (türkm. statt ابين) s. ۲. Schulter.

اٽ ang Imp. انُغل s. ۳۵ sich erinnern· — اكدر angdur s. ۴. Verb. caus. in Erinnrung bringen.

اكاجى ägäči C. 114 egazi amita s. ۳۲ ältere Schwester.

اكاى ögäi. — اكلى اغلان ögäi oglan s. ۳۲ Schwiegersohn. Vg. Osm. اوكد. Pavet de Court. unter اوكاى und unten اكو.

اكايك ögäjik s. ۱. Turtel. Zenker اوكبك wilde Taube. Holztaube. Ringeltaube. Radl. W. 1193 öydik die Wandertaube.

اكت ögüt Imp. اكتنكل s. ۳۴ mahlen.

اكتلا ögütlä (= اوكوت Rath + لا). Imp. اكتلاكل s. ۳۷ rathen.

اكجا ögčä s. ۲۱ Ferse.

اكديش ägdiš s. ۱۲ Pferd von gemischter Rasse. Das Wort ist auch im Arab. und Pers. bekannt.

اكر ögür s. ۳۲ Vertrauter Freund. Es wird auch von Pferden gesagt, doch in welchem Sinne deutet der Verfasser nicht an. Vg. Calc.W., wo Zenker اسب نر Pferd männlichen Geschlechts und Radl. W. 1198 اسب تر ein frisches nicht eingeübtes Pferd liest.

اكر ägir C. egir. Imp. اكركل s. ۳۵ spinnen.

اكرت ögrät Imp. اكرتكل s. ۴۲ (türkm. statt اورت) lehren. — اكران ögrän Imp. اكرانكل s. ۳۹ lernen.

اكرى ägri C. 191 egri s. ۲۷ krumm. Vg. اك.

اكز ögüz C. 128 ogus s. ۱۴ Stier.

اكسـر *öksür* C. 60 *oscur türkm.* Imp. اكسركل s. ٣٩ husten. Inf.
اكسرملك s. ٣٣.

اكسوش *öksüs* aus اول + سووس = سمز. Vg. Vambér. *Uigur.* p. 198 a
s. ٣٢ Waise.

اكسوك *äksük* C. 68. 141 *eksik, ecsuc* s. ٢٨ Mangel.

اكش *ügüš* Selǧ. dass. s. ٢٥ viel. Vg. unter سن.

اكش *öküš* (*okuš.* Vamb. *Uigur.* p. 199 b) s. ٣٢ Bildung.

اكشى *äkši* C. 83 *ehsi bruscus.* s. ٢٧ (*türkm.*) sauer.

اكليك *änglik* s. ١٨ Schminke. Radloff 717 = الك + ليك. — كرتى
اكليـك *kärti änglik* ibid. die echte rothe Schminke. Woraus
diese Schminke gewöhnlich bereitet wurde sagt der Verfasser nicht, doch wie er behauptet, kannte man (die Türken
nl.) auch die vegetabilische Schminke, wozu eine Pflanze
gebraucht wurde welche in dem Vaterlande des Verfassers
heimisch war. Vermuthlich ist der Saflor gemeint. Er nennt
diesen Farbstof die *Jemenische* (الـيمـانيـة ¹), wie die Franzo-
sen von *rouge d'Espagne* sprechen.

اكـن s. ٢. So hat die Hs. was kaum richtig sein dürfte, vielleicht

statt كزا sonst اغز *agys* Mund.

اكو *öngü* s. ٥٦ ein Anderer als.

ال *al* C. *al* Imp. الغل s. ٣٩, ٥٢ nehmen. — ساطـن *satun al* s. ٣v
kaufen. — طلاب ال *talab al* s. ٣v wählen. Vg. اللدى.

ال *al* C. *al* s. ١٣ rothbraun.

ال *öl* Imp. الكل s. ٤٣ sterben. — الملك *ölmäk* s. ٣٣ der Tod.
— الو *ölü* C *olu* Selǧ. dass. s. ٢٩ todt (Adj.). — الدر *öldür*
C. *oldur öltür* Imp. الدركل s. ٣٣ tödten.

الا *ala* bunt, in Personennamen, wie الاقوش s. ٢٩. — الاجا
alača s. ١٣ scheckig.

الا *älä* Imp. الاكل s. ٣f sichten. — الاك *äläk* C. *elac* s. ١v Sieb.
الاسنـك ? s. ٨ Gurke.

---

¹) Möglich ist die Auffassung, dass die Pflanze selbst und nicht die Schminke
so genannt wurde, doch sachlich scheint mir allein letztere Auffassung zulässig.
Die Wörterbücher geben keine Auskunft.

أَلْب *alp* s. ٣٩ tapfer.

الت *alt* s. ٥٣ unterhalb, unter. Vg. u. الطن.

الت *ält* C. *elt*. Imp. التكل s. ٤٤ führen. — بر الت *alt bär*, ibid.· dass.

ألت *ilit* Imp. التكل s. ٣٨ befeuchten.

التون *altun* C. *altun* s. ٣١ Gold. In den Eigennamen الالطن und الطونتاش s. ٣. wird ط statt ت geschrieben. 2° s. co Golddinar.

النى *alty* s. ٢٢ sechs. Steckt auch in den Personennamen الطيبرس und مهلتى s. ٢١, ٣. — الطمش *altmijš* C. *altmiz* s. ٢٢ sechzig.

النى *ilti* s. ٣٢ Herrin. l'avet de Court. ايلنى belle-soeur; vg. Radl. W. unter *älti* und *ilti*.

ألچ *ölč* (Cod. *ölüč*) C. *olz*. Imp. الچكل s. ٤٣ messen.

الدا *alda* C. *alda*. Imp. الداغل s. ٤٢ betrügen.

الدُر *öldür*. Vg. unten ال *öl*.

الطر *oltur* Imp. الطرغل s. ٣٠ sich setzen.

الطمش. Vg. unter النى.

الطن *altyn* s. ٣٩ unter. Vg. unter انت.

الغ *alyg* s. ٣٩ feig. Vullers, *Lex. Pers.* ألغ *homo mollis effe-minatus.* — انغغ *algyg* Imp. الغغل s. ٤. feig sein.

الك *älik* vg. Radl. W. 815. Jak. *älik* Damhirsch s. ١١ Reh, = ايوت.

ألكر *ölkär* s. ٥ das Siebengestirn.

اللدى *alaldy* Personennamen s. ٢١ (aus الدى ايل + Perf. von ال).

الما *alma* C. *alma* s. ٧ Apfel.

الماك *ölmäk*. Vg. unter ال *öl*.

الن *alyn* C. 110 *alni* s. ٢. Stirn.

الن *älin* Imp. النكل s. ٣١ betasten. Vg unter ايل.

الو *alu* s. v *türkm.* = كوكان Pflaum, Pfirsich. So nennt man im Türkmäni die Aprikose sowohl ارك, صارو, als mit dem persischen Namen الو زرد *zärd alu.*

الو *ōlū.* Vg. unter ال *ōl.*

الو *ulu* gross, vg. unter برمقـ.

الى *älli* s. ٢٢ fünfzig.

الى *ylly* (aus ايليقـ (ابيليقـ s. ٦ lau, z. B. صو الى *ylly su* warmes Bad.

البر Unbekannt. s. ١٢ *Dial.* statt قاطـر Maulesel. — اليرلو ibid. Besitzer eines Maulesels.

ام *am* C. 112 *amu* s. ٢١ Gebärmutter. Deminut. امـچـقـ *amčuk* ibid.

آم *äm* Imp. امكل s. ٣٩ saugen. — امزر *ämzūr* ibid. säugen. — امـچـك *ämčäk* C *emzac* s. ٢٠ Brustwarze.

امان *aman* s. ٨ Eiche.

امدى *imdi* s. ٢٨ jetzt.

امراق *amrak* (= mong. *amarak* Freund. Vg. C. 229) امراق بل *amrak bol* s. ٣٢ lieben.

امسن *umsun* Imp. امسنكل s. ٣٧ hoffen. Zenker unter اومقـ übersetzt dies Wort mit: verzweifeln, désespérer, und dagegen das Grundwort اومـقـ und اومنـقـ mit hoffen. Das Verbum scheint eine Zusammensetzung aus ام (ادم) Hoffnung und سن.

أموز *omuz* s. ٢٠ Schulter.

ان *in* C. *in* s. ٥ Loch.

ان *än* (*in*) C. *en* Imp. انكل s. ٣٣ hinabsteigen. — انش *äniš* (*iniš*) C. 89 *enis* s. ٦ Abhang.

أن *on* s. ٢٢ zehn.

أن *ün* C. *un* s. ٢٢ Stimme. Geräusch. — اندا *ündä* C. *unda* Imp. اندآكل s. ٤٤ rufen.

ان *un* s. ٢٢ Mehl. — ان طرت *un tart* Imp. انطرتغل (vg. oben s. 13) s. ٣٤ mahlen.

انا *ana* C. 114 *anna* s. ٣١ Mutter. — انا قین *kâjyn ana* s. ٣٢ Schwiegermutter.

انا *ānā* Imp. اناکل s. ٣٨ kastrieren. Radl. W. 730 *ānā*.

انجیر *ingir* C. 126 *ingir* s. ٨ Feige.

اند *ant* s. ٣٩ Eid. — اند امج *ant ič* Imp. اند اچکل s. ٣٩ schwören. Vg. unter امج trinken.

انط *unut* C. *unut*. Imp. انطقل s. ٣٥ vergessen.

آنقلان *anuklan* C. 43 *anucla*. Imp. انقلانغل s. ٣٩ sich fertig machen.

انکسا *ängsä* C. 136 *engse* s. ١٩ Hinterkopf.

انی *ynan* C. *jnan* Imp. اننکل s. ٤١ glauben.

او *āw* C. *eu, ev* s. ٩ Haus. Das Wort wird in Zusammensetzungen auch ایو und ای geschrieben z. B. ایوان s. ٤١ zu Hause, ایوداش *āwdaš* s. ٣٣ Hausfrau. — ایلو *āilā?* s. ٢٥ Hausvater eigt. Besitzer eines Hauses. — Auch ابچی (چی = او + اب) gehört hieher.

اوت *ōt* s. ٢١ Galle. Vg. C. *ōtli*.

اوت *ōt* Imp. اوتقل s. ٤٢ vorübergehen.

اوج *ūč* C. *uč* s. ٢٢ drei.

اوج *ūč* s. ٢٢ geben. über etwas wetten.

اوجری *ūčāri* s. ٣. Grenzebewohner (aus اوج Grenze + اری).

اودن *owdan* s. ٢٥ edel. — Das Wort kommt häufig vor im VIten Bande von Radloff's, *Volksliteratur* u. s. w. Ders. *Wörterb.* 634 unter *avdan* und s. 1164 unter *owdan* = pers. آبدان.

اودن Vg. unter اوط.

اور *āur* (= *ōr* und *ūr*) Imp. اورکل s. ٣٩ 1° hauchen. 2° flechten. 3° (*türkm.*) wählen.

اوران Unbekannt s. ١١. Vielleicht vom vorigen abgeleitet. Natter. Vg. انکرک *engerek* bei Zenker.

اورت *aurat* s. ٢٥ (*türkm.* = ar. عورة) Weib.

اورت *ōurāt* C. 203 *ovret ourat* admoneo Imp. اورتکل (mit Elision des د (vg. unter اکرت) s. ٤٢ lehren.

اورتا‎ *orta* C. *orta* s. اٿ‎ Mitte.

اورتا‎ *örtä* Imp. كلاورتا‎ s. ٣٥ anzünden.

اوردك‎ *ördäk* s. ١٠ *türkm.* Ente.

اورن‎ Unbekannt s. ١٩ Milch (allgemeiner Name).

اورنلا‎ *oranla* Imp. اورنلاكل‎ s. ٤٢ meinen (ar. ظن‎).

اوربيز‎ *aüryz* (= pers. أبريز‎). C. 120 *aurex* s. ٩ Abtritt.

اوزاكو‎ *üzängü* C. 122 *uxangi* s. ١٤ Steigbügel.

اوزرا‎ *üzärä* s. ٢٩ auf.

اوساتٯ‎ *ausak* s. ٨ Pappel. Vg. Radloff, *Proben der Volkslite-rat.* u. s. w. IV, 197. Ders. W. 82 *ausak*, 618 *apsak*, Espe.

اوستن‎ Vg. unter اسمت‎.

اوشلا‎ *ošla* Imp. اوشلاكل‎ s. ٤٤ die Mücken vertreiben (indem man den Laut *oš* fortbringt).

اوط‎ *ot* C. *ot* s. ٨, ١٧. Feuer. — اودن‎ *odun* s. ١٧. Brennholz. 2⁰ s. ٨ Regen, Feuchtigkeit. So scheint das ar. Wort حياء‎ a. a. O. zu deuten. Vg. Radl. W. 1102 (frisch).

اوط‎ *ot* s. ٨ Kraut. — اطلاٯ‎ *otlak* s. ٨ Weideplatz. — 2⁰ s. ٢٣ Arznei. — كوباكو اوطى‎ *güjägü oty* s. ٩ Saturei, eig. Bräu-tigams Kraut, dessen man sich in der Brautnacht bedient. — اوطاجى‎ *otačy* C. *otaci* s. ٢٣ Arzt. — اطلا‎ *otala* C. *ottala* Imp. اطلاغل‎ s. ٤٠ heilen.

اوغس‎ Unbekannt. s. ٢٣ *dial.* Tintenfass.

اوك‎ Aussprache unsicher s. ١٥ (*türkm.*) vierjähriges Schaf und darüber. — Demin. اوكچ‎ ibid. dreijähriges Schaf.

اوك‎ *ök* (mit hartem ك‎ wie arab. ٯ‎. Vg. die Bemerkung des Verfassers) s. ٢١ Geist. Gemüth.

اوكارجى‎ vg. unter بكر‎.

اولا‎ *aula* Imp. اولاكل‎ s. ٣٤, ٤١ jagen.

اولا‎ *ula* C. dass. Imp. اولاغل‎ s. ٣٨ aneinander fügen.

اولاشتر‎ *üläštür* (von اولاش‎ vg. C. 20 *ulas*) Imp. اولاشترغل‎ s. ٣٧, ٤٣ vertheilen.

اولاغر‎ *ulagur* Imp. اولاغرغل‎ s. ٣٩ scherzen, kokettiren (ar. لد‎ V).

اولالدر ulaldur Imp. اولالدرغل s. ۴۳ vergrössern.

اولان ulan. Vg. اغلان.

اونا una, C. una, Imp. اوناكل s. ۴۲ gehorchen.

اونك öng = Osm. اوڭ ön was vorn ist. Vg. unter اباك.

اوى oj s. o Thal. Radl. W. unter oi.

اوبار ujar Imp. اوبارغل s. ۳۵ wecken. — اوبان ujan C. ujan
s. ۳۵ erwachen. — اوبانق ujanyk s. ۳۱ wach. Selg. dass.
C. 39 etc. uyag.

اوبى ujy C 19 uyu Imp. اوبيكل s. ۴۴ schlafen. —
ujyt Imp. اوبتقل ibid. einschläfern. — ايوقلاغل Imp. s. ۳۵
schlafen. (Denom. von اوبقو = ايبق Schlaf).

اى ai C. ay s. o 1ᵒ Mond. — بنكى اى jängi ai ibid. Neu-
mond. — طلن اى ai tulun ibid. der Vollmond. — ايدين
aidyn s. o Mondschein, Licht im Allgem. s. ۳۱. 2ᵒ Monat
s. ۲۸. — Auch viele Personennamen sind mit اى = Mond
z. B. ايدكين, ايدغمش, ايدغدى, ايبلا, ايبرس, ايبك, ايبا,
ايدمر, ايسلى und ايكينا s. ۳۱, ۳. zusammengesetzt.

اى al s. ۳۳ türkm. Hohlbohrer. = اترکو. Wahrscheinlich das
nämliche Wort wie اى Mond, weil man gewöhnlich sagt:
اى دمرى (Vg. Zenker unter اى) das Mondeisen und das
Werkzeug so benannt wurde, weil die Form des Eisens
an den Mondsichel erinnerte.

اى oi s. ۱۳ aschgrau, Radl. W. 969 اغ اى = weissblau.

ابا aja C. aya s. ۲. die innere Handfläche.

اباز ijäz Selg dass. Vg. Pavet de Court. unter اوباس s. ۱. Mücke.

اباك ajak C. ayach s. ۲۱ Bein. — اوناك اباقلارى öng ajaklary
s. ۱۲ die Vorderfüsse eines Thieres. — قيج اباقلارى kyč
ajaklary ibid. die Hinterfüsse. — صاى اباغى sač ajagy s. ۱۷
eiserner Dreifuss. Vg. noch جراق.

اباك ijäg ijäng s. ۲۱ Rippe. Vg. Pavet de Court. unter اوباكو.

اباكنجى Unbekannt. s. ۲۱ vornehm.

ابان ojan = ايكان. — ابانلا ojanla s. ۳۱ den Zaum anlegen.

ايت ait C 104 ayt Selg. dass. Imp. ايتقل s. ۴۳, Fut ايتقلى

ایتر s. ٥٩; Aor. ایتر s. ٥٢; Perf. ایتی s. ٥٩ sprechen. Vg. unter کرتی und کلاچی.

ایـر *äjär* C. *eyar* s. ١٤ Sattel. — ایـرلا *äjärlä* Imp. ایرلاک s. ٣٩ satteln.

ایران *airan* s. ١٩ gegohrener Kuhmilch.

ایرق *airak* s. ١١ Steinbock.

ایرل *airyl*, Selǵ. dass. Imp. ایرلکل s. ۴٢ sich trennen.

ایروق *airuk*, Selǵ. dass. s. ٥۴ ein Anderer.

ایساوو. Unbekannt. s. ٣. wird erklärt mit کالمبارك = wie ein gesegneter. Eigenn.

ایش *iš* s. ٥٥ Sache.

ایشیم *išim* s. ١٨ Beinbekleidung. Vg. Vullers, *Lexic. Pers.* Die Bemerkung des Verfassers يعنى رقيق السراويل scheint zu bedeuten, dass das Wort nach seiner Meinung zusammengesetzt ist aus ایش fein(?) und ایم Hosen.

ایغر *aigyr* C. *aygir* s. ١٢ Hengst.

آیق *ajyk* s. ٣٩ nüchtern.

ایکا *öigä* s. ٢١ und ایکان *öigän* (türkm.) Lunge.

ایکان *oigan* s. ١۴ Zaum. Vg. unter ایلن.

آیکر Unbekannt. s. ١٣ Brandfuchs.

ایك *äigi* C. *eygi* s. ٢٥ gut.

ایـل *äil äl*, C. 112 *el* s. ٢٨ 1° Hand. — ایلن *äilin, älin* Imp. ایلنکل s. ٣٩, ۴٣ betasten. — 2° ibid. Friede. — ایلجی *älči* C. 105 *elzi* s. ٢٥ Gesandter. — ایلاش *äläš* Imp. ایلاشکل s. ٣۴, ۴١ Friede schliessen. — 3° ibid. Gegend. In letzterer Bedeutung bildet das Wort die Personennamen البكى, البصنى und اللدى s. ٣٩.

ایلا *äilä* Imp. ایلاکل s. ٣٣ thun. — طاس ایلا *tas äilä* s. ۴١ verlieren.

ایلان *öilän* s. ٢٨ Mittag.

ایلش *iliš* aneinander hängen nur part. ایلشن. Vg. unter ییل.

ایلك *äilik* (türkm.) und ایلكاك *äilkäk* s. ١٩ Knopfloch.

ايلو *ailu* s. ٢o schwanger. Radl. W. 42.

ايم Unbekannt. s. ١٨ Hosen.

ايمق *uimak* s. ٢٣ Fingerhut.

اين *äjin* (mit Schwächung des ك = اكن) s. ٢. Schulter.

اينا *oina* C. *oyna*. Imp. اينال s. ٣f spielen.

ايناق *ynak* s. ٣٩, ٣٢ Freund.

ايناك *inäk* C *ynac* s. ١f Kuh.

اينكان *ingän* s. ١f Kameel.

ايو *iw* Imp. ايوكل s. ٢٢ eilen.

ايا *aiwa* s. v (*türkm.*) Quitte.

ايوداش Vg. unter او.

ايوق *aiwuk* s. ١١ (*türkm.*) Gazelle. Das Wort kommt vor in
der alten Petersburger IIs. der مقدمة الادب von Zamach-
šarî, wo es ايـفـوق geschrieben wird. Vg. *Zapiski der
Kais. Russ. Arch. Gesellsch.* III, 394. Radloff, W. s. 63.

ايوك *üjük* s. ٩ (*türkm.*) 1o Hügel. 2o Last. = Osm. يوك.

ايوى *üiwi* s. ٩ Abtritt = اوريز.

ب

با *bä* s. ١٢ Kirg. *biä* Vg. Radloff, *Proben der Volkslieter* u. s. w.
IV, 167 säugende Stute.

با Vg. unter بك.

بارش *baryš* Imp. بارشقل s. ٣f Friede machen.

بارلو *barlu* C. *barlu* (aus بار = وار + لو) s. ٣٩ reich.

بازر *bazar* s. ol Markt.

بازركان *bazargan*. C. *basargan* s. ١f (*türkm.*) Kaufmann (pers.).

باش *baš* Selg. dass. C *oas*, *baz* s. ١٩, ٥٥ 1o Kopf. — سوباشى
Vg. unter سو. — باشداق *bašdak* s. ٢o jemand der keine
Familie hat. — باشلا *bašla*, C. *basla* Imp. باشلاكل s. ٣o
anfangen. — 2o s. ٣٣ Geschwür. Wunde. — باشلا *bašla*
Imp. باشلاكل s. ٣o verwunden.

باغ *baγ* C *bag* s. ٨ Garten (pers.).

باغ *bag*. Vg. unter باغى. — بيل باغى. بلغلا *bagla* Imp. باغلاغل s. ٣٩, f١
binden.

باغز *bagyr* s. ٢١ Leber. — بغرساق *bagyrsak* s. ٢١ Eingeweide.

باقر *bakyr,* C 96 *bager, bagir* s. ٣٣, ٣١, ٥٠ Kupfer. — بقرشى
bakyršy s. ٣٣ = باقرچى s. ٥٠ Kupferschmied.

باقلا *bakla* s. ٩ Bohne.

بال *bal* C *bal* s. ١٩ Honig.

بالغ *balyk* C. *baluc, balih* s. ٧ Fisch.

بالچق *balčyk* C. 88 *balčuc* s. ٢٤, ٤٢ Lehm. — بلچقلا *balčyk-
la* Imp. بلچقلاغل s. ٤٢ mit Koth beschmutzen.

بانكز *bängis* s. ٣١ (*türkm.*) Gesichtsfarbe.

بانلاش *banlaš* Imp. بانلاشقل s. ٣٤, ٤١ *Note* b friedlich verkehren.

باى *bai* Selǵ. dass. Vg. unter بى s. ٢٩ reich.

باى *bäi* C. *bey,* Radloff will *bî.* Imp. باىكل s. ٣٤ tanzen.

بت *bit* C. *bit* s. ١٢ Laus. — بشكك بتى *bäšik bitti* ibid.
(*türkm.*) = قندلا eig. Wiegenlaus). — بتلا *bitlä* Imp.
بتلاكل s. ٤٢ von Lausen säubern. — بتلان *bitlän* s. ٣٨
Reflexiv. des vorherg.

بتنر oder بتنور *bütür (bittir)* C. *bitir* Imp. بتركل s. ٣٨ oder
بتنوركل s. ٣٥ beendigen.

بتك *bitik* C. *bitic bitik* s. ٣٣, ٥٠ Schrift. — بتككچى *bitikči*
C. *betichzi bitičči* s. ٣٣, ٥٠ Schreiber.

بتمان *batman* s. ٥٥ Pfund.

بتمك *bitmäk* s. ٩ Pflanze.

بتن *bütūn* C. *butun* s. ٢٧ ganz.

بچ *byč* Selǵ. بيچ Imp. بچكل s. ٣٣, ٤٢ zerschneiden (ein
Kleid), mit dem Schwerte entzwei hauen, ernten. — بچقچ
byčkuč s. ٣٣ Schneiderscheere. — بچقو *byčku* C. *bizchi*
s. ٣٣ Säge.

بچقق *bučuk* C. 145 *buču*(jai) s. ٣٣ Hälfte. — تن بچقى
tün bučuky s. ٢٨ Mitternacht.

بر *bar* Selǵ. وار C. *bar* Imp. برغل s. ٤٠, Perf. بردى s. ٥١, ٥٥,
Fut. برغاى s. ٥٩ gehen.

بُو *bär* C. *ber* Solg. در Imp. بِرِكل s. ٥٦ gebon. Vg. unter ارﮔ, صانو صنو und يم.

بِر *bur* C. *bur* Imp. بِرِكل s. ٣v drohen.

بُر *bor* C. *bor* s. ١٩ Wein. 2° weisser Lehm womit man auf dem Lande die Kleider walkt.

بُرَا *bürä* (*türkm.*) und بِرجا *bürčä* s. ١١ Floh (mongol.).

بِرج *burč* C. *burč* s. ١v Pfeffer.

بُرجق *burčak* C. *burzak* s. ٥ Hagel. — 2° s. ١ Erbse.

بُرجاﻚ *bürčäk* s. v Baumkrone. — 2° Franze.

بِردﻚ *bardak* C *bardak* *bardac* Solg. بارتق s. ١v Krug.

بِرس *bars* (mongol.) s. ١١ Luchs. Vg. die Eigennamen ابيرس, الطيبرس بيبرس طيبرس قتنلوبرس und قلبرس s. ٣١.

بَرِكت *bärkit* C *berchit* Imp. بِرﻜتكل s. ٣٣ befestigen.

بُرلا *borla* C *borla* s. v Traube.

بَرمق *barmak* C. *barmac* s. ٢. Finger. — الو بِرمق *ulu b.* ibid. Daumen —, سق بِرمق *suk b.* ibid. Zeigefinger [1] —, ارتا بِرمق *orta b.* ibid. Mittelfinger —, ادسيز بِرمق *atsyz b.* ibid. Goldfinger (eig. namenloser Finger) vg. جيبجلاتق. — بِرمقلا *barmakla* Imp. بِرمقلاكل s. ٣٨ (denom.) mit dem Finger zeigen.

بِرن *burun* C. *buen* (*burnung*) s. ٢. Nase. — بِرندﻚ *burunduk* s. ١f Kamelzaum. — 2° Praep. s. ٢٦ vor.

بِرنجاﻚ *bürünčäk* s. ١v Schleier.

بُرو *börü* C. *boru* *böri* s ١١ Wolf.

---

1) Arabisch الشهادة. Das Wort fehlt in den Wörterbüchern, obgleich die Bedeutung bekannt ist. Vg. Z. d. D. M. G. XXXIX s. 599. So genannt, sagen die Fikh-bücher, weil كانه يشار به منشهد.

بُز *buz* C. *buz* s. ٥ Eis.

بُز *böz* C. *boz* s. ١٩ Zeug.

بُز *buz* Imp. بِزغِل s. ٣٩ wechseln. — 2° zerstören = C. *bux*.

بُزا *buza* (mong.) s. ١٩ berauschendes Getränke der Mongolen aus
Palmwein oder anderen Säften zubereitet dem Biere ähnlich.

بِزاغو *buzagu* C. 128 *buxau* s. ١٣ Kalb.

بِستان *bostan* (pers.) s. ٨ Garten.

بِسرا *bäsrä* s. ٥١, ٤٧ das nächste.

بَسْلا *bäslä* Imp. بِسلاكل s. ٣. nähren, futtern. C. 19 *best*. Radloff
leitet das Wort von pers. پشتن gedörrtes Mehl her.

بِش *biš* Part. بِشمش C. *bismis*, gekocht. Vg. unter ات.

بُش *buš* Imp. بِشـقـل s. ٣٥ zürnen. Vg. Pavet de Court.
unter بوشمقف. Zenker يوسمقف être fâché.

بِشُر *bušūr* C. 13 *bisur*. Imp. بِشرکل s. ٣٤ kochen.

بِشک *bäšik* s. ١٨ Wiege. — بِشک بنی. Vg. unter بت.

بِشماق *bašmak* C. 121 *basmac* s. ١٩ eine Art Schuhe.

بَص *bas* C. *bas*. Imp: بِصقل s. ٣٥, ٣. zertreten. — Das Perfektum kommt vor im Eigennamen البصنی s. ٣٠٠.

بُصو *busu* s. ١٣ Hinterlage.

بُط *but* C. *buth* s. ٢١ Wade.

بَط *bat* C. *bat*. Imp. بِطقل s. ٣٥ untertauchen; von Sternen:
untergehen. — صودا بط s. ٤٢ in Wasser untertauchen.

بغ *bog* Selǧ. بوغ s. ٣٥ Imp. بغغِل erwürgen.

بغا *boga* C. *boga* s. ١٣ junger und kräftiger Stier.

بغا Vg. unter قربغا und قبرجقلوبغا.

بُغاز *bogaz* C. 111 *bogax* s. ٢. Kehle.

بُغدی *bugdai* C. *bodai*, *bogdai*, *bugday* s. ١ Waizen.

بُغرا *bogra* s. ١٣ Kameelhengst mit zwei Höckern, welchen
man sich begatten lässt mit arabischen Kameelstuten um
die Dromedare zu gewinnen.

بغرداق *bagyrdak* s. ١٨ Mütze. Vg. Vullers, *Lex. Pers.* unter
بغتناق.

بغرساق. Vg. unter باغر.

بغزلا *boguzla* Imp. بغزلاغل s. ٣۴ erwürgen.

بق *bok* C. 113 *bogh* s. ٢١ Excremente.

بق *bak* C. *bak* Selĝ. باق Imp. بققل s. ٣١, ۴٢ schauen. — بقا
vg. unter طر.

بقرشی. Vg. unter باقر.

بقشلا *bakyšla* Imp. بقشلاغل s. ۴۴ ehren.

بك *bäg bäk* C *beg*. Selĝ. باك nur in den Eigennamen البكی,
بكتاش, قتلوباك, ايبك und بكنمز s. ٢١ wo es entweder
als بك Fürst oder als بك (*päk*) stark erklärt wird. Man
findet auch die Formen با und بی.

بك *bük* Imp. بككل s. ٣٨ falten.

بكرك *bügräk* s. ٢١ Niere.

بكمش *bükmäš* s. ١٩ (*türkm.*) Syrup. = بكمز bei Zenker.

بل *bil* (*bäl*) Selĝ. dass. C *bil* Imp. بلكل s. ٣٣, ٣٨ wissen. —
بلش *biliš* s. ٣٢ Bekanntschaft (Bekannter).

بل *bol* C *bol*. Imp. بلغل s. ۴١, ۴٣, ∞, ٥٩, Fut. بلغای werden,
sein. — Vg. unter امراق und طلاس. — بلش *boluš* C. dass.
Imp. بلشقل s. ۴١ einander helfen.

بلا *bala* Küchlein, nur in den Frauennamen اقبلا und ایبلا s. ٣٠.

بلا *bilä*. s. ٥۴ mit.

بلازوك *biläzük* s. ١٧ Armband. Vg. oben s. 23.

بلاك *biläk* s. ٢. Vorderarm.

بلاو *biläwü* C. *bilau*. s. ٣٣ Schleifstein. — بلاوولا *biläwüllä*
Imp. بلاوولاكل s. ۴. schleifen.

بلبان *balaban* C. *balaban* s. ١. Sperber.

باجك *bičik* s. ١١ junger Wolf. Die Erklärung ist nicht völlig sicher (vg. die Lesart der Hs. in Note a); doch vielleicht ist پلم (ييليم) Küchlein zu vergleichen.

بلدرجين *bäldirčin* s. ١. Wachtel.

بَلْطُر *baltyr* = بالدير s. ٢١ Bein.

بلْطُر *byltyr* s. ٢٨ das vergangene Jahr. Vg. oben s. 23.

بلوط *ballut*. — بلوط شاه *šah ballut* s. ٨ Kastanie.

بليط *bulyt* C. 82 *bulud* s. ٥ Wolke.

بليكُ? s. ٣٩ unwissend. Das Wort ist mir verdächtig, vielleicht ist statt dessen das ar. بليد zu lesen, oder, wie Herr Melioransky conjicirt, entweder تنتاك, oder بليكسيز. بليك. Vg. unter بيل.

بنبوق *banbuk* s. ١٩ (*türkm.*) = مامق.

بنفشا *bänäfšä* Eigenname s. ٣٠. = pers. بنفشه Veilchen.

بهار *bahar* = pers. بهار s. ٣٠. Frühling in den Eigennamen كلبهار und نوبهار.

بوتاق *butak* C. *butac* s. ٧ Zweig.

بوجاق *bučak* C *bučgak* (بوجقاق) s. ٩ Ecke.

بودى *budai* C. 130 *boday* (aus بغدى entstanden) s. ٩ Waizen.

بوز *buz* C *buz* s. ١٣ grau. — تمر بوز *tämir buz* ibid. stahlgrau. — Auch steckt das Wort im Eigennamen بُزغُش richtiger بزقش s. ٣٩.

بوش *boš* C. *bos* s. ٢٧ leer, ledig, Ehescheidung.

بوغُن *bogun* C. 112 *buug* s. ٢. Gelenk.

بولارستك Aussprache ungewiss. s. ١٨ Hosenschnur. Die Lesung ist mir verdächtig; vielleicht ist der erste Theil des Wortes يولار zu schreiben. Das gewöhnliche türkische Wort für dies Kleidungsstück ist اوجقور.

بولاشتر *bulaštur* Imp. بولاشترغل s.٣٨, ٢. wischen, umwerfen, umkehren.

بولاق *bulak* C. *bollach*, *bulah* (*fons*) s. ٩ Pfühl.

بوى *buj* s. ١١ Skorpion. (sonst bedeutet es Krokodil).

بوﯨا *boja* s. ٢۴, ٣١ 1º Fürberröthe. 2º C. *boya* s. ٣١ Farbe. —
بوﯨاچﻰ *bojaćy* s. ٢۴ C. *boyazi* Fürber. — 3º Verb. C. *boya*
Imp· بوﯨاكُ s. ٣٧ färben.

بوﯨى *boi* C. 111 *boy* s. ١٩ Statur.

بى *bäi* == بﺎك auch ﯨﺎ *bä* und ﯨﺎى *bäi* geschrieben. C. *bey*.
s. ٢٣ Emir. Vg. die Eigennamen s. ٢١ اسـنبـلى , بىبرﺱ ,
اﯨﺑﺎ اﯨﺑﺎ كوﺟﺑﺎ Radloff will *bi*, was nicht stimmt mit der
Orthographie ﯨﺎى und *bey* in C.

بىﺎﻏو s. ١٥ ist in ﯨﺑﺎﻏو zu verbessern. Vg. unten.

بىﺎﻡ *bajam* = pers. ﯨﺎﺩﻡ s. ٨ Mandel.

بىر *bir* C *bir* s. ٢٢ ein.

بﯘﺟر *bujur* C. *buiur*. Solǵ. بوﯨر Imp. بىرﻏل s. ٣٥, ۴٣ befohlen.

— بﯘﺟرﻕ *bujuruk* C. *buyuruk* s. ۴٣ Befehl. — بىرﻻ *bujurla*
Imp. بىرﻻﻏل s. ٣٥ annehmen.

بىز *biz* s. ١٩ (*türkm.*) = بز *böz* Zeug. — 2º Ahle. — 3º Pfriemen.

بىﺶ *biš* C. *bes* s. ٢٢ fünf.

بىﻏﺎر *byngar* (= بىﮕﺎر) s. ٩ (türkm. statt كز) Brunnen.

بىﻐﻒ *byjyk* s. ٢. Schnurrbart.

بىل *bil* Mitte des Körpers. — بىل ﯨﺎﻏﻰ *bil bagy* s. ١٩ Leibgurt. — بـلـىكﻦ *bilik* s. ١٣ alle Waffen welche man im
Gürtel trägt.

بىﻦ *bäin* s. ٢١ Gehirn.

بﯘﺟﻦ *bojun* Solǵ. بوﯨـﻦ C. *boyn* s. ٢. Hals. — بىنلﺎ *bojunla*
Imp. بىنلﺎﻛﻞ s. ٣۴ jemanden auf den Nacken schlagen. —

بىنﺪﺭﻕ *bojunduruk* s. ٩ Joch.

بﯘﯨﻨز *boinuz* s. ١۴ Horn eines Stieres.

پ·

پﺎﺟنﺎﻕ *paćynak* s. ٣٢ (*türkm.*) Schwiegerbruder der eine
Schwester der Gattin geheirathet hat.

پسلا *päslä* Imp. پیسلاک s. ٣٩ farzen.

پنیر *pänir* oder *bänir* s. ١٩ (*türkm.*) Käse (pers. ینیز).

پیغامبر *päigämbär* (Im Cod. mit ب, C. 77 *peygambar*) s. ٣,
٥٥ Prophet (= pers. پیغمبر).

تت

تاتلك *tälik* C. *tetic* s. ٣٩ klug.

تاکت *täköt.* Vg. *täk* bei Radloff, *Cod. Cum.* s. 50 a. unbeschäftigt. Imp. تاکتکل s. ٣٥ unbeschäftigt sein.

تالم *tälim* s. ٢٥ (*türkm.*) viel.

تالی *täli* C. 126 *teli* s. ٢٥, ٣٣ wahnsinnig. — تالیلك *tälilik*
s. ٣٣ Wahnsinn.

تب *tüp* (*tip*) C. 125 *tub* s. ٧ Wurzel.

تب *täp* Imp. تبکل s. ٣۴ mit den Füssen stossen.

تبا *täbä* C. *teba* crinis. Osm. تبه s. ١١, 1° Stirn. — 2° s. ٩
Hügel.

تبرت *täprät* C. *teprat.* Imp. تبرتکل s. ٣٩, ۴۴ bewegen. —
تبرش *täpriš* s. ٣٩ Bewegung.

تبرق *toprak* C. *toprak*, *toprac*, Selg. طوبراق s. ٥ Staub.

تبی *tipi* s. ٥ Schneesturm, Osm. dass.

تت *tit* Imp. تتکل s. ٣٧ herausreissen, ausrupfen.

تتر *tätir?* s. ١۴ arabische Kameelstuten. — Wie das Wort zu
erklären sei, die Richtigkeit der Lesung vorausgesetzt,
weiss ich nicht.

تترما *titrämä* s. ٣٣ das Zittern, kaltes Fieber.

تتش *tutuš* Imp. تتشکل (nicht تتقشکل) s. ٣٧ einander angreifen.
تتن *tütün* C. *tutum* s. ۴. Rauch. — Verb. Imp. تتنلاک ibid.
beräuchern.

تر *tär* C. 113 *ter* s. ٢١ Schweiss.

تَرازو ‎ *tarazu* C. *taraxu* (pers.) s. ٢٤ Wage.

تُرجا ‎ *türǧä* = ترکلات ‎ s. ٤٢.

تِرسَك ‎ *tirsäk* s. ٢. türkm. statt چیغانق ‎ Ellbogen.

تُرکری ‎ *türükäri* (aus ترك ‎ + اری‎) s. ٣. ein Türke.

تُرکلات ‎ *türklät* Imp. ترکلانکل ‎ s. ٤٢ beeilen. — تُرکِن ‎ *türkin* ibid. dass.

تُرکُ ‎ *türkü* s. ١٤ Sattelriem. Vg. Vullers, *Lex. Pers.* unter ترکون‎ .

تِرِل ‎ *tiril* C. *tiril.* Imp. ترلکل ‎ s. ٤٢ leben. — تری ‎ *tiri* Selǧ.

دیری ‎ C. *tiri* s. ٣٦ lebendig.

تُرلاق ‎ *torlak*. Vg· تورلوق تورلوغ ‎ (Zenker) s. ١١ Windel.

تَرما ‎ *türmä*. Vg. Vullers, *Lex. Pers.* unter ترمه‎ . s. ٨ Rettig.

تَرِن ‎ *türin* = درین ‎ (Zenker) s. ٧ tief.

تُرنَق ‎ *tyrnak* C. *ternac* s. ٢. Nagel.

تِز ‎ *tiz* C. *tix* s. ٢١ Knie. — تِزلا ‎ *tizlä* Imp. تزلاکل ‎ s. ٣٦ eilen.

تُزَت ‎ *tüzät* C. *tuxat.* Imp. تزتکل ‎ s. ٤١ ordnen.

تَزُك ‎ *täzük* s. ١٣ Pferdemist.

تِزگِن ‎ *tizgin* C. *tixgin* s. ١٤ Zügel.

تِش ‎ *tiš* s. ٢. Zahn. — تِشلا ‎ *tišlä* C. *tisla.* Imp. تشلاکل ‎ s. ٤٢ beissen.

تَش ‎ *tüš* C. *tus, tusch.* Selǧ. دوش ‎. Imp. تشکل ‎ s. ٣٣, ٤٣ fallen.

تَشا ‎ *töšä* Imp. تشاکل ‎ s. ٣٤ ausbreiten. — تشاك ‎ *töšäk* C. *tosac* s. ١٧ Matratze.

تِشی ‎ *tiši* C. *tusi, tisi* s. ٢٤ weiblich.

تَغ ‎ *tyk* Imp. تغقل ‎ s. ٤١ absperren.

تُقلی ‎ *tokly* = طوقلی ‎ (Zenker) s. ١٥ einjähriges Schaf.

تِكّ *tik* C. *tich* Imp. تِكّكل s. ٣٩ nähen. — تِـكـچِـى *tikči*

s. ٢٣ Schneider. — تِيكِيج *tikič* s. ١٣ Stachel.

تُكّ *tōk* C. *tok* Imp. تُكّكل s. ٣٤, ٤١ ausgiessen.

تُكّ *tük* Imp. تُكّكل s. ٣٨ abschneiden.

تِكّ *tik* C. *tec* schweigend. Vg. unter طر und يِـورى.

تِكا *tägä* C. *tege* s. ١٥ Ziegenbock — Demin. تِكاجُوك *täkäčük* ibid.

تِكا *tikä*. Vg. unter ڇ.

تِكان *tigän* türkm. = تِكاناك *tigänäk*, C. *tigenek* s. ١ Dorn.

تُكُر *tükür* C. *tukur* Imp. تُكركل s. ٣٩ speien.

تُكّما *tügmä* C. 119 *tuuma* 1° Knopf s. ١٩. — 2° schlau s. ١٩, ٢٥ C. 115 *tocma* inginioxus (sic).

تِل *til* Imp. تِلكل s. ٣٧ durchbohren.

تِلا *tilä* C. *tila* volo Imp. تِلاكل s. ٣٤ und تِلاغل s. ٣٨ suchen. —

تِلان *tilän* Imp. تِلانكل s. ٤٣ betteln.

تِلاق *tylak* s. ٢١ Clitoris. Vg. Vullers, *Lex. Pers.* unter تِلاق.

تِلَش *talaš* C. *talisch*, *talasch*. Imp. تِلشكل s. ٤٠ zanken.

تِلكو *tülkü* C. *tulchu* s. ١١ Fuchs.

تِلان *tälin* = دُولكِش طولُون تُولُون (Zenker) s. ٢٠ Schläfe.

تُمُت *tomut* Imp. تُمتقل s. ٣٩ sich versammeln. Die Lesung scheint verdächtig; sollte etwa جمق zu lesen sein, vg. C. 18 *jomucte* convenit? Besser wäre vielleicht دَمَت *demet* Bündel zu vergleichen.

تَمُر *tämūr tämir* auch تُمُور und دمر C. 96 *temir* s. ٢٣, ٣١, ٥. Eisen, Stahl. — تَمُر بُوز *tämir buz* vg. unter بُوز — تَمُرجى *tämirči* C. *temirzi* s. ٢٣, ٥. Schmied. — تَمُران *tämrän* s. ١٣ Lanzenspitze. — In Eigennamen ist تَمُر häufig z. B. تَمُرخان, قشتنمُر ,بكتمُر , ايدمُر , اسندمُر , تَمُرتاش s. ٣٩.

تَمُرو *tümrü* = دُومرى s. ٢٤ Trommel.

تمور .vg نمر .

تن *tün* Solġ. دورن C. *tun* s. ۲۸ Nacht. — تن بجقى *tün bučuky* ibid. Vg. unter بجقق. — تن كيجا *tün gäčä* ibid. gestern Abend. — كلكان تن *gälgän tün* ibid. die erstfolgende Nacht. — Vg. unter طلنقوش.

تنكرى *tüngri* C. *tengri*. Solġ. dass. s. ۳, ٥٥ Gott.

تنكز *tüngiz* Solġ. دنكيز C. *tengis*. s. ۹ Meer. — تنكز قيى *tüngiz kuji* s. v Meeresküste.

تۆا *töwä* Solġ. دوا C. 128 *toua* s. ۱۴ Kamel. — توالو *töwälü* s. ۵۱. — نواسيز s. ۵۲.

تۆكا *tügä tüngä?* s. ۳۲ Magd = قرابش.

تولك *tülulük* C. 116 *touluc auogulus* s. ۳۱ blind.

تيرمن *täjirmän* C. 37 *tegirman* s. ۹ Mühle.

تيغا· *taiga tiga* C. 114 *tagai* s. ۳۱ dial. = طلى Oheim (Bruder der Mutter).

تيكبيج Vg. unter تك.

تين *tüin* C. *tein* s. ۱۱ Eichhörnchen.

تبناق *tuinak* s. ۱۲ Huf.

ج und چ

جانك *čätük* (Zenker) جنيك جنوك جتنياك s. ۱۱ Katze. Vg. ماجى.

چاس *čäs* s. ٥ dial. statt طمان Nebel. Herr Melioransky schreibt mir dass das Wort (= يلش) im Kazak-Kirgisischen »feucht" bedeutet.

چاقر *čakyr* (Mong.) C. *čager* s. ۱۴ Wein.

چاكوچ *čäküč* C. *cacuč* s. ۳۳ Hammer.

چال *čal* s. ۱۳۱) Zenker: graues oder röthliches Pferd. Pavet

---

1) Der Verfasser hat die Uebersetzung als bekannt (معروف) fortgelassen. Ob das Wort bei arabischen Autoren vorkommt weiss ich nicht; Dozy hat es nicht erwähnt.

de Court, rouge et blanc. Vg. noch Vullers, *Lex. Pers.*

جال‎ *čal* C. *čal chal* spielen. Vg. unter دردك‎.

جالت‎ *čalyt* (Zenker *čalt*) s. ٣٩ flink.

جالش‎ *čalyš* Imp. جالشكل‎ s. ٣٣ kämpfen. — جالش‎ *čalyš*
Nom. s. ١٣ Krieg.

جالق‎ *čalyk* C. 225 *calih* s. ٢٥ grob, jähzornig.

جان‎ *ǧan* C. *zan, gan* Seele (pers.). — جان طرتمق‎ *ǧan*
tartmak s. ٣٣٣ Todeskampf.

جاولى‎ *čawly* s. ١٧ Nudelspritze. Vg. Vullers, *Lex. Pers.* unter
جاولى‎ ¹).

چپان‎ *čäpän* s. ٣٣٣ (*türkm.*) Geschwür.

جبچوق‎ *čypčuk* C. *cipcic* s. ١. Sperling.

چپر‎ *čäpär* s. ١٣ (*türkm.*) von einem Pferde: papierweiss, gelb-
lich weiss, weiss an den Lippen und Augenlidern. Vg.
جوبر‎ (Zenker) جيپيار‎ (Pavet de Court.) *schybar* (Kirg.)
bei Radloff = getigert.

جبرك‎ *čüpräk* Vg. C: 142 *čuprak* s. ١٩, ٥٥ Lappen.

جبلا‎ *čapla*. Vg. unter شبلا‎ C. 180 *čaplatmak* Imp. جبلاكل‎
s. ٣٥, ٣٣ eine Ohrfeige geben.

جبن‎ *čybyn* C. *čibin* s. ١. Fliege.

جبيج‎ *čypyč* s. ١٥ einjährige Ziege. Vg. Zenker unter جبش‎
(welches aber kein *tahrīf* von كبش‎ ist). Radloff, *Aus*
Sibirien I, 434.

---

1) Die arabische Uebersetzung lautet مغرفة التنماج‎. Das nämliche Wort
تنماج‎ kommt a. a. O. auch vor in der Uebersetzung von اقلاغو‎ und von سنن‎,
alsob es arabisch wäre. Man findet es aber in den persischen und türkischen
Wörterbüchern z. B. bei Vullers und Zenker. Dass es den Arabern bekannt
war hat, soviel ich weiss, zuerst von Kremer, *Beiträge zur ar. Lexicographie*
(Wien. Sitz. ber. CV. s. 437) s. v. ططماج‎ nachgewiesen. Salemann, *Noch*
einmal die Seldschukischen Verse (Bull de l'Ac. Imp. de St. Pétersb. X. s. 230)
hält das Wort für türkisch, Barbier de Meynard für persisch.

جتــان‎ *čitän* s. l. Bauer, Käfig. Vg. Vambéry, *Cagataische Sprachst.* der das Wort mit: *hölzerner Korb* übersetzt.

جتلا‎ *čätlä* s. ʌ platzen. — جتـلايـك‎ *čätläjik* C. 125 *catlauc nizole* ibid, Nüsse, Pistazien und ähnliches welches platzt.

جـچـك‎ *čäčäk* C. cicek, cecek, zizac s. v Blume. — كليجـيـجـچـك‎ *Güličäčäk* Weibername s. ٣..

جـچقا‎ *čučka* = چوجوق‎ (Zenker) s. ll Ferkel.

جراق‎ *čyrak* C. čirak s. lʌ Kerze. — جـراق اياق‎ *čyrak ajaky* ibid. Leuchter.

جردك‎ *čirdük* (aus جـكردك‎ entstanden) s. ʌ Kern.

جرك‎ *čörük* s. lo Kuchen.

جرکن‎ *čirkin* C. circhin (pers. ?) s. ٢o hässlich.

جرمان‎ *čirmän* C. 132 *čirmarmen* ich winde zwirn. Imp. جرمانکل‎ s. ٣٩, ٤l die Kleider aufschürzen.

چرى‎ *čäri* Heer. — بكچرى‎ *bägčäri* Eigenname s. ٣. Vg. شارى‎.

جز‎ *čyz* Imp. چزغل‎ s. ٣٣, ٤o—٤٩ schreiben.

جز‎ *čuz* C. 106 *čux cendatum.* Graf Kuun meint das Wort könne vom ar. جز‎ hergeleitet werden, doch dieses ist im Arab. ebenso Fremdwort. Vg. Fränkel *Die Aram. Fremdw. im Ar.* s. 42. s. ١٩ Atlas. — جز‎ يبقا‎ *jopka čuz* ibid. Taffet.

چغال‎ *čagal* s. ll Schakal.

جـغـاى‎ *čygaj.* Vambéry, *Uig. Sprachm.* s. 251 *čikai čikaj* s. ٢٩ arm.

جغر‎ *čagyr* C. cachar, čagir Imp. جغغل‎ s. ٣٤, ٤l schreien.

جفت‎ Aussprache unsicher s. ١٩ Käse. Vielleicht liegt hier eine unrichtige Lesart vor, etwa جغرات‎ ?

جـق‎ *čak* C. zag, zac Imp. جقفل‎ s. ٣v lo Feuer anschlagen. — 2o beschuldigen. — جقمق‎ *čakmak* s. lv Feuerstahl.

جق‎ *čyk* Selǵ. dass. C. cigh, zig Imp. جقفل‎ s. ٣٣ herausgehen. — جقر‎ *čykar* Imp. جقرغل‎ s. ٣٣ (sich) ausziehen.

چَقَرِق‍ *čakryk* (چِيفَرِيق) s. ١٧ (*türkm.*) Spinnrad, Winde.

چُقْمار‍ *čâkmar* = جاغَمُر (Pavet de Court.) s. ٣١ geizig.

چَك‍ *čōk* C. *čōc* Perf. چَكْتِی s. ١٤ niederknieen.

چَكِرْكا‍ *čäkirgä* s. ١. (*türkm.*) statt صِرِنجِكا Heuschrecke (Mongol. dass.). Vg. Zenker unter چُورْتَكَ.

چَكْمان‍ *čōkmän* s. ١٧ 'Tapet.

چَمار‍ Unbekannt. s. ٨ Mohrrübe = كَاشُور.

چُماق‍ *čumak* s. ١٣ Keule.

چَمان‍ *čämän* s. ٨ Wiese.

چَمْچا‍ *čümčä* s. ١٧ Napf.

چَمْدِر‍ *čimdir* C. *cimdir* Imp. جِمْدِرْك s. ٣٠ kneifen.

چَمْشا‍ *ǧämšä* = pers. جامْشَه s. ١٧ kleiner Becher.

چِمْلاك‍ *cömläk* C. 124 *čomlat* s ١٧ irdener Topf.

چِن‍ *čyn* C. *cin* s. ٢٧ Wahrheit.

چَناق‍ *čanak* C. *čanac* s. ١٧ Schale.

چَنْكا‍ *čüngä* s. ٢٧ stumpf.

جِوا‍ *ǧiwä* = pers. جِبِوه s. ٣١ Quecksilber.

جَوامْرِد‍ *ǧüwämärd* C. 68 *jomart* = pers. جَوانْمِرِد s. ٤١ (*türkm.*) edelmüthig. freigebig.

چُوقْمار‍ *čokmar* C. 143 *čohmar*(li) s. ١٣ Knüttel.

چُولاه‍ *čulah* = pers. جُولاه s. ٢٤ (*türkm.*) Weber.

چِيان‍ *čyjan* s. ١١ Tausendfuss. — 2º Skorpion (wie behauptet wird). Mong. dass.

چِبِق‍ *čybuk* C. 171 *čibuch baculus* s. ٧ Stamm.

چِيچا‍ *čičä* s. ٣١ Base (Vatersschwester). Nach Pavet de Court. (Zenker) bedeutet das Wort in Samarkand: tante maternelle.

چِيچِلاق‍ *čyčalak* s. ٢٠ der kleine Finger.

چِبِقَناق‍ *čykanak* C. 139 *čogunak*. Auch findet man geschrieben: چاغانَاق , چاقانَاق , چِبِينَاق , چِبِغِنَاق s. ٢٠ Ellbogen.

چِبِكات‍ *čikät* s. ١٥ ungekochtes Fleisch. Pavet de Court. hat

چِيِك in der Bedeutung: erů. Das Wort hat hier arab. oder mongol. Pluralendung.

ح und خ

حِصَار. *hissar* (*arab.*) s. ٦ Kastell, gebräuchlicher als ترغان خَان *chan* nur im Eigennamen تمرخان s. ٣٠٠.

خِرمَن *chirmān* s. ١ *türkm.* Scheuer (pers.).

خروس *choros* C. *chorox* s. ١. (*türkm.*) Hahn.

خطلبا *chotluba* s. ٣١ Eigenname = قتلوبا.

خمرى *chamry* s. ٣١ (*türkm.*). Das Wort ist arab. und bedeutet weinfarbig, hochbraun von Pferden. Vg. Dozy, *Suppl.*

خُشْدَاش *tahrif* für قجاداش = خواجاداش. Vg. Dozy, *Suppl.* unter خاجداش und oben s. 21.

د

دا *dā* Vg. C. *de dey*, Solǵ. دى Imp. داكل s. ٤٣ sagen.

دانشمند *daniŝmand* s. ٢٣ (*türkm.*) Gelehrter (pers.).

در *dir* Imp. دركل s. ٣٣ sammeln.

دِرْنَك Unbekannt. Wahrscheinlich abgeleitet von در = طر (طور) aufrecht stehen + دك s. ٣٣ Hobelbank.

دُرُش *dürüŝ* Imp. درشكل s. ٣٤ sich bemühen.

درغاق Unbekannt s. ١. Kralle.

دُز *düz* (= توز) Imp. دزكل s. ٣٤ ertragen.

دستارجه *dāstārčä* s. ١٨ Schnupftuch (pers.).

دُش *düŝ* C. *tus* s. ٢٨ Mittag.

دِش *diŝ* Imp. دشكل s. ٣٧ durchstechen z. B. ein Geschwür, entjungfern. Vg. تشى.

دغدى Vg. unter طغر.

دَغَق *dagyk* und دَقُق *dakuk* C. *tauc* (*türkm.*) s. ٢. Huhn.

دغمش *vg.* unter طغر.

دغى *dagy* C. *dage*, *daga*, *dagi*. Selg. داقَ s. ٥٦ auch.

دُقى *doky* C. *togu* Imp. دقيغل s. ٣٥ 1° weben. — طغرچى
dokyrčy s. ٢٤ Weber. — 2° schlagen, einen Missethäter
hinrichten.

دُك *dög* Imp. دككل s. ٤. schlagen.

دكشر *dägšür* Imp. دكشركل s. ٤٢ verwechseln. — دكشورى
dägšüri ibid. Pferdehändler, weil er beim Verkaufe zu
täuschen sucht (?).

دكلوكچ *däglukäč* دولنكچ, دولكنچ (Zenker) s. ٢. Weihe.

دكن *dägin* Imp. دكنكل s. ٣٩ erreichen.

دكين *dägin* im Eigennamen ايدكين (= pers. تكين) s. ٣٩.

دلداغ *dyldag* = دل (دبل) + داغ s. ٣٧ Beweis. — دلداغلا
dyldagla Imp. دلداغلغل s. ٣٧ argumentiren. Vg. C. 227
til tagan soz ficta verba.

دل *dillä* Imp. دلكل s. ٤٣ zerschneiden.

دمر *dämür* vg. تمر.

دمشق *domšak* = تومشوغ (Zenker) s. ٢. Schnabel.

دن *dön* Selg. dass. Imp. دنكل s. ٤. umkehren. — دندرو
döndürü. Vg. unter ج.

دنان *dünän* s. ١٢ vierjähriges Pferd.

دودق *dodak* C. *toodac*, *totac* s. ٢. (*türkm.* stat ارن) Lippe.

دودك *düdük* s. ٢٤ Pfeife. — دودك چال *düdük čal* s. ٤١ pfeifen. —
دودكچى *düdükči* s. ٢٤ Pfeifer.

دورت *dört* C. *tört*, *dort* s. ٢٢ vier.

دورت *dört* s. ٢٢ mit dem Finger anweisen.

دوز ‎doz C. 89 *tos* s. ٥ Staub. — دوزت ‎dozat Imp. دوزتکل s. ۴۲ stäuben.

دوس ‎dös C. *tos* nach Radloff zu sprechen *töš* s. ۲. Brust.

دوست ‎dost C. *dost* (pers.) s. ۳۱, ۳۲ (*türkm.* statt ایناق)‎ Freund. — دوستنلاش ‎dostlaš Imp. دوستنلاشکل s. ۴۱ mit einander befreundet sein.

دوکچ ‎doguč C. *touguč* s. ۱ᵥ Mörser.

دویت ‎düwät (= ar. دوا‎) C. *duat* s. ۲۳ Dintenfass.

دیوار ‎diwar C *diuar* (pers.) s. ۱ Mauer.

ز ‎und ر

رومری ‎Rumäri s. ۳. Grieche (aus روم ‎+ اری)‎.

زندان ‎zindän C. *sindan* (pers.) Gefängniss. — زندانلا ‎zin-dänlä Imp. زندانلاکل s. ۳۴ verhaften.

زیان ‎zijan C. *xian* (pers.) s. ۲۸ (*türkm.* statt قر‎) Verlust.

س

ساز ‎saz C. 216 *saz* lutum s. ۸ Morast.

ساط ‎sat Selg. سست C. *sat* Imp. ساطقل s. ۳۸ verkaufen. — ساطجی ‎(satyčy) *satčy* s. ۲۴ Verkäufer. — ساتن ال ‎satun al vg. unter ال. Eigennamen von ساط‎ und dessen pass. ساطل gebildet sind ساطماز s. ۳. und ساطلمش ibid.

ساغم ‎sagam vg. Zenker unter الغم سالغم‎ s. ۱ Luftspiegelung.

ساکو ‎säkü. Vg. Vullers, *Lex. Pers.* unter ساکو‎ und Zenker unter سکی s. ۱ Bank.

ساکول ‎sägül = سکل ‎sigil sigil bei Zenker s. ۱۳ Pferd mit weissen Flocken an den Füssen.

سامان ‎saman s. ۱ (*türkm.* statt کوک‎ oder حلام‎) Stroh.

سپا ‎sypa = سپا ‎bei Zenker s. ۱۲ einjähriger Esel.

سپر ‎süpür Imp. سپرکل s. ۳ᵥ fegen, bürsten. — سپرگا ‎süpürgä vg. C. 103 *siburtchi* s. ۱ᵥ Besen.

سپبرغو *sybyrgu* s. ۲۴ türkische Pfeife. Pavet de Court. سپبورزغا

mit ز. — سپبرغوجی *sybyrgučy* ibid. derjenige welcher dies Instrument bespielt.

سپهسلار vg. سلار.

سُت *süt* C. *sut* s. ۱۹ frische Milch.

سچ *syč* Imp. سچقل s. ۳۹ scheissen.

سچان *syčan* türkm. = سچقان *syčkan* C. *sičchan* s. ۱۱ Ratte.

ساجو *süčü* Selg. ساجی s. ۱۹, ۲۷ 1° süss. — 2° Wein.

سُر *sür* C. *sur* Imp. سرکل s. ۴۰ ziehen. — 2° verbannen.

سرای *sarai* C. *saray* (pers.) s. ۹ Haus. — کاروان سرای *karwan sarai* (pers.) ibid. Herberge, caravansérail.

سربان *särbän* = pers. سربند s. ۱۸ Turban.

سرتلان *sirtlän* s. ۱۱ Hyäne.

سرچا *särčä* s. ۱. (*türkm.* statt چپچوت) Sperling.

سرچا *sirčä* s. ٥ Glas.

سرکا *sirkä* s. ۱۱ Nisse.

سرما *sürmä* s. ۱۸ Augenschminke. Vg. Vullers, *Lex. Pers.* unter سرمه. — سرمالا *sürmälä* Imp. سرمالکل s. ۳۷ das Collyrium einreiben. — سرمانبیک *sürmälik* s. ۱۸ Stift womit das Collyrium eingerieben wird.

سرمساق *sarymsak* C. 127 *sarmisac* سرماشق und صارمشق bei Zenker s. ۸ Lauch.

سرو *sürü* = سوری bei Zenker s. ۱٥ Schafherde.

سروك *särük* = سرکی bei Zenker s. ۱۷ Teppich aus Leder.

سز *süz* C. *sus* Imp. سزکل s. ۴۱ durchseien.

سغاك *singäk* = سکک s. ۱. (*türkm.* statt چبن) Mücke.

سغق *sagak* C. *sagac* s. ۲. Kinn.

سق *syk* = صغ صیغ bei Zenker s. ۷ (*türkm.* statt صی) niedrig.

سُقْ sok Imp. سقّقل s. ٣. hineintroiben.

سُقُّر sykkur C. *sockur* Imp. سقّركل s. ٣٢ oin Augo aussteckon, oinbohron im allgom. Vg. سوقور blind, oinaugig.

سَقْز sakyz C. 92 *sachex* Vullors سكز s. ١٨ Mastix.

سَقَل sakal C. *sachal* s. ٢. Bart. — صقللو *sakallu* s. ٢٥, ٥٢ bärtig. — صقلسيـز *sakalsyz* ibid. bartlos. — Vg. untor قبا und كوسا.

سقلا sakla C. *sacla* Imp. سقلاغـل s. ٣٥ bowahron. — سقن sakyn Imp. سقنغل s. ٣٣ sich in Acht nohmon.

سُقُم sukum. Vg. سوقرم (boi Zonkor) Schlacht odor Opforthior s. ١٩ Brotbisson.

سـك sik C. *sic* s. ٢١ das männlicho Gliod. — Vorb. Imp. سككل s. ٣٣, ٣٣ don Coitus ausübon.

سُك sök Impf. سككل (mit hartom ك) s. ٣٥ 1º spalton, auflöson. — 2º ontjungforn. — 3º s. ٣٣, ٣. scholton.

سكارلا sägärlä Imp. سكارلكل [1]) s. ٣٩, ٣٣ antroibon. Vg. untor سكرت.

سُككل sögäl s. ٣٩ krank. — سوكأليك sögälik s. ٣٢ Krankhoit. — سوكان sögän s. ٣٣ krank.

سنكر singir C. *singir* s. ٢١ Sohno.

سكرت sägirt Imp. سكرتكل s. ٣٣ das Pford antroibon. Osm. laufon, ronnon.

سَكز säkiz C. *segis* s. ٢٢ acht. — سكسن säksän ibid. achtzig.

سكلابه Ausspracho unsichor s. ٨ Runkolrübo.

سكوت süyüt s. ٨ (*türkm.* statt طال) Woido.

سـل sil Imp. سلكل s. ٣٣ abwischon.

سلار salar im pors. سلار سيه s. ٣. Hoorosanführor.

---

1) Dio Hs. schoint سكازلكل zu habon.

سلطان soltan C. *soltan* s. ٣٣ Sultan.

سلقوم salkum C. *salkum* s. ٨ Traube.

سلك silk C. *silk* (Radl. will *silik*) Imp. سلككل s. ٣١ schütteln.

سلوك sülük (Cod. *sälük*) C. *suluc* s. ٧ Blutegel.

سلى sili = سيبليغ rein im Personennamen ايسلى.

سمز sämiz C. 87 *semix* s. ٢٧ fett.

سمكر simkür Imp. سمكركل s. ٣١ sich schnäuzen.

سموك sämūk (*sūmūk*) s. ٢١ Rotz.

سن sin vg. C. 222 *sin statua sepulcralis* s. ٩ 1° Grabhügel.
2° Abgottsbild.

سن san (Cod. *sin*) kommt nur vor in der Verbindung mit
از wenig s. ٣٧ = wenig achten und s. ٣٧ mit اكش viel
= viel achten. Vielleicht steckt es auch in امسن und
in *uucsun* im Cod. Cum. s. 51. Vg. Osman. صانمق,
سانامق, سنمق.

سنت Unbekannt. s. ٦٧ Nudelbrett [1]).

سنج sang im Eigennamen سنجر Vg. unter صانج.

سندو sindū s. ٣٣ (*türkm.* statt قبطى) Scheere.

سنق synuk s. ٢٧ zerbrochen.

سنقر sonkor eine Art Falke s. ١٠٠ Eigenname s. ٢٩; auch in Zusammensetzungen z. B. قراسنقر, اقسمنقر ibid. — سنقرجا (Sonkor
ähnlich) Eigenn. vg. oben s. 31.

سنكو süngü C. *sungu* s. ١٣, ٢٤ Lanze; auch Eigenname s. ٢٩. —
سنكوجى süngüči s. ٢٤ Verfertiger von Lanzen.

سو sū s. ١٤ Heer. — سوباشى ibid. Heeresanführer s. ٣٠٠.

سو säw C. *sou(mac)* Imp. سوكل s. ٣٤, ٣٩ lieben. — سون

---

1) Vg. oben s. 70 Note 1.

sдwin C. soннн Imp. سونکـل s. ۳o sich frouon. — سوکو
sдiogü s. ۳۹ goliobt.

سوت sawot Imp. سوتقـل s. ۳۸ abkühlon. — سوک sawok C.
saogh Radl. transoribirt sök s. o, ۲v kalt.

سوزلا sözlä C. sosla Imp. سوزلاکل s. ۳۸ sprochon.

سوقانی soklyk C. 185 suklik (in dor Bodoutung Goiz, Habsucht)
s. ۳۳ eigt. Habgior, hior dio Bonennung dor ärgston
Krankhoit [1]).

سوکلنچی söklänči s. lo Gobratonos.

سوکان Vg. untor سکال.

سوکلمش Vg. untor ات.

سوکوک söngük s. ۲l Knochon.

سی si C. sij Imp. سیبکل s. ۳۸ pisson. — سیدك sidik s. ۲l
Urin.

سیس sis s. ۱۳ nach Zonkor: nobolgrau, von unroinor Farbo
(سیبسلو).

سیبلا söilä Impf. سیبلاکل s. ۳۲ — انزوك سیبلا odor türkm. یلان
سیبلا lügon. — کرشاك سیبلا dio Wahrhoit sprochon.

سیبندر sдjündür C. 24 sondür Imp. سیبندرکل s. ۳f auslöschon.

ش

شاری šдri = جری C. ceryc (Mongol.) s. ۱f Hoor.

شاکرد šagird (pors.) s. ۳۲ Dionor.

شان šдn = شن und شین (Zonker) s. ۲v bobaut.

شان šдn nur im Ausdrucko بو شان s. ۲۸ = sogloich·

شبلا šabla Imp. شبلاغـل s. fl oino Ohrfoigo gobon. Vg. چبلا.

شرقری šarkary (aus arab. شرتی + ارى) s. ۳. Oriontalo.

شش šдš C. ses Imp. ششکـل s. ۳۹ lüson.

---

1) Welche Krankheit der Verfasser eigentlich meint ist nicht recht deutlich.
Dass das arab. طمع eine Krankheit bedeutet finde ich nirgends angegeben.

شوربا *šorba* s. ‏lo‏ Fleischbrühe, bouillon (pers.). Das Wort ist, wie der Verfasser behauptet, von شور salzig herzuleiten [1]).

شهر *šähr* C. 89 *saár* s. ‏٩‏ Stadt; ursprünglich persisch, doch gebräuchlicher als كرمان.

شيش *šiš* s. ‏lv‏ Bratspiess.

شيشك *šišák* s. ‏lo‏ zweijähriges Schaf.

شيمنا *šoina* Imp. شيمناك s. ‏٣o‏ kauen = چينمق bei Zenker.

ص

صاب *sap* vg. unter يول.

صاچ *sač* C. 110 *xac* s. ‏١١‏ Haar.

صاچ *sač* s. ‏lv‏ geschlagenes Eisen. — صاچ اياغى vg. unter اياق.

صاچ *sač* Selǵ. سج C. *sač* Imp. صاچقل s. ‏١٩‏, ‏٢‏. befeuchten, streuen.

صارو *saru* C. *sari* s. ‏١٣‏, ‏٣١‏ gelb. Von Pferden: ein Goldfuchs. — Intens. صب صارو *sap saru* s. ‏٣١‏.

صاغ *sag* C. *sag* s. ‏٢٩‏ gesund.

صاغليق *saglyk*, vg. unter صمغالى, s. ‏lo‏ Schafe und Ziegen welche gemolken werden.

صاغرغان *sagyzgan* Radloff, *Phonetik* u. s. w. § 367 hat die Form *sangizgan*. Zenker ساغساغان, ساغساغان, صقصغان s. ‏l.‏ Elster.

صاغش *sagyš* s. ‏٢٢‏ das Rechnen. — صاغشلا *sagyšla* Imp. صاغشلاغل s. ‏٣٣‏, ‏٣٤‏ mit einander rechnen.

صالى *saly*. — صالى بر *saly bär* Imp. صالى بركل s. ‏٣٤‏ frei geben.

صانچ *sanč* C. 44 *sanz* Imp. صانچغل s. ‏٣٣‏ stechen. — صنجش *sančyš* C. *sanzis* s. ‏١٤‏ Streit. — Eigenname سنجر s. ‏٢٩‏.

صاوش *sawaš* Imp. صاوشقل s. ‏٤١‏ kämpfen (= صواش).

صابغ *sajag* s. ‏١٩‏ Butter.

صابان *saban* s. ‏٩‏ Pflug. Der Herausgeber des Cod. Cum. und auch Radloff 63 a haben, wie es mir scheint mit Unrecht,

---

1) التمليج ist Druckfehler und in التمليج zu verbessern.

nach C. 90 an *saban* die Bedeutung von *campus* zugekannt. Offenbar ist der Text des Cod. an dieser Stelle verdorben und statt *saban* ist wohl جمن zu lesen.

ضَرّ *sar* Imp. صرغل s. ٣f 1° ausbreiten. — 2° s. f٣ umwickeln.

ضُر *sor* C. *sor* Selǵ. سور Imp. صرغل s. f٣ 1° saugen. — 2° s. ٣f fragen.

ضرب *sarp* C. *sarp* = *durus* s. ٢o schwierig.

صرنجقا¹) Aussprache unsicher s. ١. Heuschrecke.

صَرْغان *sazgan* C. 129 *saxagan* s. ١١ Drache, Schlange.

صَغِر *sagyr* C. 128 *seger* s. ١f Rind. — صو صغرى C. *susager* ibid. Wasserochs, Büffel. — صغر كيَلك *sagyr kälik* s. ١١ Antilope.

صغرجقف *sygyrčuk* s. ١. Staar.

صَغْرا *songra* C. *songra* s. ٢٢ nach, nachher.

صغرى *sagry* C. 106 *sagri* s. ١f Rücken des Pferdes und anderer Thiere.

صَغَن *sagyn* s. ١١ Hirsch. Vg. ساغين (Zenker).

صَغَن *sagyn* Selǵ. ساقن Imp. صغنغل s. ٣v, f٣ sich wahren.

صقل vg. unter سقل.

صلام *salam* C. 123 *salan* s. ١ Stroh.

صمغالى *samgaly* durch Metathesis für صغمالى von صغ = ساغ molken (vg. صاغليق) s. ١o milchgebend von Schafen und Ziegen.

صن *son* Imp. صنغل s. f٣ die Hand ausstrecken.

صَنـا *sana* C. *sana* Imp. صنـاغـل s. f٢ zählen. — صناملف *sanamak* s. ٢٢ das Zählen, Zahl.

صَنُو *sunu* = سنكو. — صنو بر *sunu bär* s. ff mit Speeren streiten.

---

1) A. a. O. steht unrichtig gedruckt صرجقا.

صو su Selǵ. سو C. su s. ٦, ٥٣ Wasser. — صو اسى und سو الى vg. unter اسى und الى. — صو اقر akar su s. ٨ strömendes Wasser. — صو طاشقن taškyn su ibid. Giessbach. — صو كران ǵirän su ibid. süsses Wasser [1]). — صو يق su jak Imp. صو يققل s. ٣٧ tränken. — صوسيز wasserlos s. ٥٢.

صوصا صوصر sausar C. sausar (pers. سوسمار) s. ١١ Marder. — صوصر صوغر sugur sausar ibid. Wiesel.

صوغان sogan C. sorgan [2]) s. ٨ Zwiebel, gebräuchlicher als ياو.

صَوُل sawul Imp. صولغل s. ٣٩ aus dem Wege gehen.

صويق sywyk s. ٢٨ (türkm. statt يمشق) weich.

صى sy = سغ s. ٧ untief, niedrig.

صُى soi Imp. صيغل s. ٣٤ schinden.

ط

طابو tabu C. 217 tabuk. — طابو ات tabu ät s. ٣٧ dienen.
طار tar C. tar s. ٢٧ eng.
طارى tary C. tari s. ٩ Hirse.
طازى tazy = pers. تازى arabisch s. ١٢ arabisches Pferd.
طاس tas = verloren in طاس بل tas bol s. ٣١ verloren sein und طاس ايلا ibid. verlieren. Ich kann das Wort belegen aus der Uebersetzung von Sadi's Gulistan Cod. Leid. n. 1553 f. 53 v. (vg. oben s. 7) wo die persischen Worte كم كرده اوغلان تـس اينتكانـى فرزند wiedergegeben werden.

---

1) Diese Uebersetzung ist nicht ohne Bedenken und stützt sich auf die Meinung dass a. a. O. الماء العَذْب zu lesen sei für الماء العذبى. Diese Aenderung ist freilich unbedeutend, doch es ist nicht abzusehen wie صو كران an diese Bedeutung kommt; الماء العَذْب zu lesen in der Bedeutung „trübes mit Entengrün bedecktes Wasser" scheint sich ebensowenig zu empfehlen.

2) Vielleicht haben wir hier ein zweites Beispiel einer Elision des ر im Inlaut. Vg. oben s. 10.

طاش *taš* Selg. dass. C. *taš* s. o Stein. — Vg. die Eigennamen بكتاش ,الداونتاش und نرتاش s. ٣.

طاشقن *taškyn* überfliessend. Vg. unter حو.

طاط *tat* s. ٢v, ۴. Geschmack. — طاطلو *tatlu* Selg. dass. C.
tatli, tatle s. ٢v schmeckhaft, süss. — ططل (Verb.) *tat*
C. *tat* Imp. طاطقل s.۴. kosten. — طاطر *tatur* Imp. طاطترغل
s.۴. kosten lassen.

طاغ *tag* C. *tag.* Selg. dass. s. o Berg.

طال *tal* s. ۸ Weide.

طام *tam* C *tam.* — طام اسنى *tam üsti* s. ٦ Dach.

طامو *tamu* Selg. dass. C. *tamuk, tamuc, tamu* s. ۸ (*türkm.*) Hölle.

طان *tan* Imp. طانغل s. ۴١ sich berathen.

طاى *tai* s. ٣١ Oheim mütterlicherseits. — ازا طاى s. ٣٢
Tante mütterlicherseits. Vg. Osm. تيـزه *täizä* dass. und
oben unter ازا.

طاى *tai* s. ١٢ zweijähriges Füllen. — Vg. die Eigennamen
مغل طاى ,قراطاى ,طقطاى ,اقطاى und طيبرس s. ٣١.

طبان *taban* C. *taban* s. ٢١ Sohle.

طبق *topuk* s. ٢١ Fussknöchel.

طت *tut* Selg. دوت C. *tut* Imp. طتقل s. ٣o festhalten. —
از بر طت *üz bär tut* s. ٣o auswendig wissen (von pers.
بر از auswendig). — ططو *tutu* vg. unten. — طتسان *tutsak*
s. ٣٢ Gefangener. — طتقن *tutkun* C. *tutchum* s. ٣٢ dasselbe.

طر *tur* Selg. نور C. *tur.* Imp. طرغل s. ١٣, ۴٣ aufrecht stehen. —
ارو طر vg. unter ارو. — بقا طر *baka tur* s. ٣١ warten. —
تك طر *tik tur* C. *tec tur* s. ٣٨ schweigen.

طرا *tara* Imp. طراغل s. ٣v, ۴١ kämmen.

طراق *turak* s. ١٩ (*türkm.*). Gericht aus Jugurt mit pikanten
Zuthaten (Dille, Kerbel oder Minze). Vg. Osm. طوراق اوتى
Dille, Kerbel. Pavet de Court.: طوراق *fromage* [1]).

---

1) Das Wort جاجق woven طراق die Uebersetzung sein soll fehlt in

طرت *tart* (Cod. *taryt*) Selǵ. دارت C. *tart* Imp. طرتقل s. ٣٠,

٣٩ ziehen. — Vg. unter ان *ün* Mehl und جان. — طرت
turut Imp. طرتقل s. ٣٣ ausstrecken z. B. ein Seil. Das
Verb. ist schwerlich verschieden von طرت ziehen.

طرت *tårt* Imp. طرتقل s. ٣. wägen.

طرغا *turga* vg. تورغو. (P. de Court.) s. ١٩ eine Art feiner Seide.

طرلا *tarla* vg. C. *tarlov* s. ٩ Acker.

طرماوچ *tarmawač* (?) offenbar eine Ableitung von طرا kämmen
s. ٩ Harke.

طرنا *turna* C. *turna* s. ١. Kranich.

طرتقلان *tyrnaklan* von طرنق + لا + ن [1]) Imp. طرتقلانغل
s. ٣٩ scherzen, kokettiren.

طشاق *tašak* C. 112 *taxac* s. ٢١ Hoden.

ططو *tutu* s. ٣٩ Pfand. — ططو فى *tutu koi* s. ٣٩ auf Pfand geben.

طغان *togan* s. ٩ Raubvogel. — اطماجا طغان *atmača togan*
s. ١. Habicht, so genannt weil man den Raubvogel auf
der Jagd lanzirt. — Eigenname s. ٢٩.

طغر *togur* C. *togur* Imp. طغرغل s. ٣٣ gebären. — Stamm
طغ, davon دغدى uud دغمش in den Eigennamen ايدغدى,
ايدغمش, كندغدى, كندغمش.

طغراق *tygrak* s. ٢٠ gebildet, ehrlich.

طغرام *togram* C. 182 *tovram* bolus s. ١٩ Brotbissen.

طغرو *togru* C. *togru* s. ٢٧ gerade.

---

den arab. Wörterbüchern, in den türkischen aber wird es gefunden, z. B. bei
Zenker, Barbier de Meynard u. s. w. Vg. *Lehǵaï Osmāni* I, ٢٢٥ يوغورتنلسه

يايلان سبزه صلاطهسى.

[1]) Die Lesart ist allerdings fraglich, weil die Hs. طرتقلان hat, was sich
vielleicht in طرت + قلا + ن zerlegen lässt.

طق *tok* s. ٢٩ satt. — طقطلى *toktai* s. ٢٩ Eigenname.

طرجى vg. unter دنى.

طلغز *tokuz* s. ٢٢ neun. — طقسن *toksan* ibid. neunzig.·

طل *tul* C. *tul.* — طلابچى vg. unter ابچى.

طلاز Unbekannt s. ٢٩ gemein. Hängt vielleicht etymologisch mit dem vor. zusammen.

طلاب *talab* (= arab. طلب). — طلاب ال *talab al* s. ٣v wählen.

طلاق *talak* s. ٢١ Milz.

طلم *tulum* C. 140 *tulum* s. ١٩ Zopf.

طلو *tolu* s. ٥ (*türkm.* statt برچات) Hagel.

طلو *tolu* C. *toulu*, *tolu*. Solg. dass. s. ٢v voll.

طمار *tamar* C. *tamar* s. ٢١ Ader.

طمات *tamak* C. *tamac* s. ٢. Gaumen.

طمان *tuman* C. *touman* s. ٥ Nebel.

طـن *tyn* C. *tin* Imp. طنغـل (vg. oben s. 13) s. ٣٤, ٣v sich

beruhigen. — طنمق *tynmak* s. ٢v Ruhe.

طنا *tana* s. ١۴ einjähriges Rind.

طنا *tuna* = pers. دانه s. ٣١ Perle.

طنغوز *tonguz* C. *tongus* s. ١١ Schwein.

طنلا *tanla*, *tangla* C. *tangla.* Imp. طنلاغـل s. ٣٨ sich wundern.

طورو *turu* = تروق s. ١٣ Fuchs (pferd).

طوز *tuz* C. *tus* s. ١v Salz.

طوزق *tuzak* s. ١. Schlinge.

طوشان *taušan* s. ١١ (*türkm.* statt قيان) Hase. — طلوشانجـل *tau-šanǧyl* s. ١. Beiname des schwarzen Adlers.

طوطرغان *tuturgan* O. *tuturgan* (mongol.) s. ٩ Reis.

طوغان *tuġan* vg. unter طغان.

طلومغولق *tumgulyk* s. ٨ königliche Nenuphar (eine Art Lotos).

طُون ton C. *ton* (speziell Pelz) s. ١٩ Kleid.

طُى toi s. ١. Trappgans.

طَياق tajak C. *tayjak* s. ٣٩ Stock. — طِيان tajan Imp. طِيانغِل ibid. sich stützen.

طِين tain C. *tang* s. ٢٨ Dämmerung.

ف und ع

عتّابى .attaby s. ١٩ Tabin. Vg. Dozy, *Suppl.* i. v.

فِرِشتَه firištä C. *frista* s. ٣ Engel. (pers.)

فِرُن furun s. ٤ Backofen. (lat. *furnus*).

ق

قابوجِى Vg. unter قَبو.

قاتُون katun C. *hatun, chaton, katun* s. ٣٢ Frau, Herrin.

قاز kaz C. 130 *chax* s. ١. Gans.

قازاق kazak s. ٢٥ Landstreicher.

قاش kaš C. *cas* s. ٢. 1° Augenbraue. — 2° s. ١٨ Siegelgehäuse am Ringe. — 3° Bergrücken.

قاشوق kašuk C. *chasuc* s. ١٧ Löffel.

قاطِر katyr C. *chater* s. ١٢ Maulesel.

قالِى kaly C. 123 *gali* s. ١٩ (türkm. statt كُور). Teppich. Vg. Vullers, *Lex. Pers.*

قان kan C. *can.* Selǵ. dass s. ٢١ Blut. — قان الچِى kan alčy s. ٢٣ Schröpfer.

قانِت kanat C. *hanat* Selǵ. dass s. ٩, ١. Flügel.

قاو kaw C. 90 *chou* s. ١٧ Zunder.

قاوُش kawuš s. ٣٣ Hobel.

قاوُن kawun C. *coun* s. ٨ (türkm.) Melone.

قَب kap C. *háp* s. ١٧ Sack.

قَب kap Imp. قِبقِل s. ٣٥ nehmen.

قُب kop C. *chop, kop.* Imp. قِبقِل Perf. قِبنِى s. ٣٩ sich erhebon z. B.: دوز قبنی‎ dor Staub orhebt sich. — 2° ontstehen, ins Dasoin troton. — 8° verronkon vom Golenke.

قـبـا‎ *kaba* (grob). — سقللو قبـا‎ *kaba sakallu* s. ٢٥ dor oinon dichton Bart hat.

قبنتان‎ *kaptan* s. ١٨ Oborkloid = ar. خفتان‎ odor قفتـان‎ wolchos Wort abor wohl von don Türkon horüborgonommon ist.

قبّر‎ *kupar* (Cod. *kapar*) Imp. قبرغل‎ s. ٢٢ losmachon.

قبرجقلو.‎ — قبرجقلو بغا‎ *kabarčyklu boga* s. ٧ Schildkröto.

قبّرجوق‎ *kabarčuk* vg. قاوورجـاق‎ (Pavot do Court.) s. ١٨ Puppo dos chinosischon Schattonspiols (= اباق‎).

قبز‎ *kobuz* (oino Art Goigo) s. ٣٤ قبزجی‎ *kobuzčy* C. dass. ibid. dorjonigo wolchor don Kobuz bospiolt.

قبطی‎ *kapty* C. *chopti* s. ١٣ Schooro.

قبق‎ *kabak* C. *cabuc* s. ٨ Kürbis.

قبلان‎ *kaplan* s. ١١ Panthor.

قبو‎ *kapu* s. ٦ Thür. — قابوجی.‎ *kapučy* s. ٢٤ Thorwächtor.

قت‎ *kat* C. *kat, cat* otc. Solg. قات‎ s. ٥٢ Soito.

قت‎ *kat* Imp. قتفل‎ s. ٣٨ mischon.

قتر‎ *kutyr* = قونارمق‎ boi Zonker. Imp. قترغل‎ s. ٣٤ anrichton.

قترغا‎ *katarga* Griech. = κάτεργον s. ٧ Galooro.

قترغان‎ *koturgan* vg. C. *choturlu* grindig s. ٣٣ Ausschlag.

قتل‎ *kutyl* C. *cutul* Imp. قتلغل‎ s. ٣٨ sich bofroion.

قتلو‎ *kutlu* C. *kutlu* s. ٢٧ glücklich. — قتسیز‎ *kutsyz* s. ٢٧ olond. — قتلولا‎ *kutlula* Imp. قتلولاغل‎ s. ٣٨ gratuliron. Das Wort قتلو‎ ist häufig in Eigonnamon z. B. قتلوباك‎, قتلوبا‎, قتلوبرس‎ s. ٢٩ (oinmal in dor Form خطلبا‎ ibid.).

قـانـﻰ قَتﻰ *katy* Selǵ. قاتﻰ C. *chati katti* s. ٢٨ hart. — قـا يالو

katy jalu Eigenname s. ٣. (eig. Besitzer eines harten Bogens).

قِﭺ *kač* s. ٥٥ wieviel. — قِچـن *kačan* s. ٥٥, ٥٩ wann.

قِﭺ *koč* s. ١٤, ١٥ (türkm.) = قِچقار *kočkar* C. *gozchar* Widder.

قِﭺ *kyč* nur in der Verbindung قِﭺ اياقلﻰ vg. unter اياق.

قِﭺ *kač* C. *chaz*, *kač*. Selǵ. قاﭻ. Imp. قِﭺقل s. ٣٤ fliehen.

قِﭺ *kuč* C. *cuz*, *kuč*. Imp. قـﭺقل s. ٤٢ umarmen. — قـﭺـق

kučuk s. ٤٢ Busen.

قاجا *koǵa* = pers. خواجه s. ٢٤, ٣٢, ٥١ Herr. — قاجاداش *koǵadaš*

s. ٥١ Diener des nämlichen Herren.

قَر *kar* C. *char* s. ٥ Schnee.

قُر *kur* C. *cur* s. ١٩ Leibgurt.

قُر *kur* s. ٢٨ dial. statt زيان Verlust.

قُر *kur* C. *kur* Imp. قُرغل s. ٣٧ den Bogen spannen.

قَر *kyr* Selǵ. dass. Imp. قرغل s. ٣٨ zerbrechen.

قرا *kara* C. *chara*, *kara* s. ٣١, ٥. schwarz; von Pferden s. ١٣. Intensiv قرا قَب *kap kara* s. ٣١. — قرا ياغز vg. unter ياغز. —
قراغو *karangu* C. *karangi*, *carangu* Selǵ. قارنكو s. ٣٩ Finster-
niss. — قراباش auch قراواش *karabaš* und *karawaš* C. *carouas*,
karavas s. ٣٢ Magd (eig. Schwarzkopf). — Eigennamen mit
قرا gebildet: قراطاى, قراقوش, قراسنقر s. ٣٩.

قربز *karpuz* s. ٨ Wassermelone.

قربغا *kurboga* s. ٧ Frosch.

قُرت Vg. unter قرق.

قُرﭺ *kurč* C. *kurč* s. ٣١ Stahl.

قُرسَق *kursak* C. *kursak* s. ١. Kropf der Vögel.

قَرِش *karyš* s. ٢. 1º Spanne. — 2º ibid. Verfluchung.

قِرْشُن kuršun s. ٣١ türkm. und قِرغاشِن Blei.

قِرط kårt O. chart s. ٢٤ Greis. Wird auch von Pferden gesagt.

قِرط kurt C. curt s. ١١, ١٢ Wurm.

قِرط kurt s. ١١ (türkm. statt بِرو) Wolf.

قِرطِش kyrtyš s. ٨ Schale der Melone = البطِّيخ (I. قشر (قَشَر. .

قِرطِل kartal s. ٩ (türkm. = كجكن) Adler.

قِرغ kyryg s. ٢. vielleicht zu verbessern in قرغ karag Schwarze

    des Auges. Augapfel.

قِرغا karga s. ١. Rabe.

قِرغان kurgan C. kurgan s. ٩ 1° Grabhügel. — 2° s. ٩, ١f Viehhof.

    — 3° Kastell.

قِرغاشُن korgašun C. corgasin s. ٣١ vg. قرشون .

قِرغِل kyrgyl s. ٢f Greis.

قِرق kyrak gewöhnl. karak s. ٢v dial. statt اچى bitter.

قِرق koruk s. ٨ grüne Dattel. Frucht der wilden Dattelpalme.

قِرق kork C. chorch Imp. قِرققِل s. ٣٩ fürchten. — قِرت kort Imp.
    قِرتقِل s. ٣٩ Furcht machen.

قِرق kyrk C. kirk Imp. قِرققِل s. ٣٩ abscheeren.

قِرق kyrk s. ٢٢ vierzig.

قِرلاغاچ karlagač = قارلوغاچ قارلواج s. ١. Schwalbe ¹).

قِرما korma = pers. خِرما C. ghorma s. ٨ Dattel.

قِرن karyn C. caren s. ٢١ Bauch. — قِرنداش karyndaš Selg. dass.

    C. charandas s. ٣٢, ٥١ Bruder. — قِز قِرنداش kyz karyndaš
    ibid. Schwester. — قِيمِن قِرنداش kåjin karyndaš ibid.
    Schwiegerbruder.

قِرناق kyrnak s. ٣٢ Magd.

---

1) Die arab. Uebersetzung hat الحنونو statt der gewöhnlichen Orthographie
السنونو .

قرنجا *karynča* s. ‖ (*türkm.* statt قمرسقا) Ameise.

قرو *kuru* C. *churu*, *kuru* s. ٩, ٢v 1o trocken. — 2o Festland. 3o Fieber.

قروت *kurut* s. ١٩ geronnene und getrocknete Milch [1]). — قرا قروت *kara karut* ibid. schwarzer Kurut bereitet aus Milch und geronnener Sahne, welche man in gereinigte Säcke gegossen hat. Dieser Kurut ist gewaltig schwarz, und herber von Geschmack als ein Granatapfel und so hart, dass man denselben mit Messern schneidet.

قرولا *kurula* Denomin. von قرو Imp. قرولاغل s. ٣o abwehren.

قرى *kary* C. *chari* s. ٢., ٢٣ Ellbogen. Elle.

قرى *kary* s. ٢. Greis.

قز *kaz* C. *casi* Imp. قزغل s. ٣v graben.

قز *kyz* C. *chex.* s. ٢٤, ٣٢ 1o Mädchen. Tochter. — قزنداش vg. قزنداش. — قز اغلان vg. اغلان. — 2o s. ٢v kostbar. Kostbarkeit. — قزليق *kyzlyk* s. ٢v Theuerung.

قز *koz* C *cox, chox, hoz* s. ٨ Nuss.

قزان *kazan* C. *chaxan türkm.* und قزغان *kazgan* s. ١v Kessel.

قزدر *kyzdyr* Imp. قزدرغل s. ٣٨ heizen.

قزل *kyzyl* C· *chexel* s. ٣١ roth. — Intensiv قمب قزل *kyp kyzyl* ibid.

قزن *kazan* C. *caxan* Imp. قزنغل s. ٣٨ erwerben. — قزنج *kazanģ* s. ٣٨ Vortheil. — قزنج ايلا *kazanģ äilä* s. ٣٨ erwerben.

قزو *kozu* C. *coxi* s. ١o Lamm.

قسرق *kysrak* s. ١٢ Stute. — قصر قسرق *kysyr kysrak* ibid. un-

fruchtbaro Stute. — قسرق قـونـلانـچـى ibid. oino trächtige
Stute im 10ten Monat.

قِسْقان *kyskan* Imp. قسقانغل s. ٣٩ bonoidon.

قِسقن *kuskun* C. *coyscan* s. ١f Sohwanzriomon.

قُش *kuš* C. *cus* Imp. قشقل s. ٣٨ sich orbrochon.

قُشْلق vg. untor قوش.

قشن *kašyn* Porf. قشنـدى, Aor. قشنـور s. ١f, ١٣ pisson (von oinom
Pforde).

قَشى *kašy* C. *casi, kassi* Imp. قشيغل s. ٣٩, ٣٩ kratzon, striogoln.
— قشاغو *kašagu* C. *chasrau, kasrau* s. ١f Striogol.

قـصـا *kysa* = قـصـقـا *kyska* C. *chescha, kizcha* s. ٢o kurz. —
قصقاچق *kyskačyk* s. ٢o sohr kurz.

قصر *kysyr* unfruchtbar. Vg. untor قسرق.

قصرتقا *kasyrtka* = كنا. C 136 hat: *kasarcka hoyschrekke* (Houschrocko). Vg. ساغـيرتـقـا tiquo qui s'attacho aux animaux
(Pavot do Court) s. ١f Laus.

قصرقا *kasyrka* s. o Wirbolwind.

قُطُرمق *kuturmak* s. ٣٣ Hundswuth.

قطغان Aussprncho unsichor. s. ٨ Endivio.

قق *kak* Imp. ققـقـل s. f. nn dio Thür pochon. — 2o vom Hand-
schlago boim Vorpfändon ibid.

قَقْل *kakla* Imp. ققلغـل s. fl zorschnoidon (Floisch).

قَل *kål* C. *cal, kal* Imp. قلغل s. ٣٨ hintorbloibon.

قل *kyl* vg. untor قيرق.

قل *kyl* C. *kil* Solǵ. dass. (thun). — نماز قل *namaz kyl* s. fl boton.

قُل *kol* C. *kol, chol* Solǵ. قول s. ٢. Achsolhöhlo. — قلتق *koltuk*
s. ٢. dass.

قُل *kul* s. ٥ Thal.

قُل *kul* C. *kul* Selǵ. قُول s. ٣٢ Sklave. — قلبرس *kulbars* Eigenname s. ٢٩.

قَـلا *kula* s. ١٣ Pferd mit gelben Ringen an den Füssen und
schwarzen Streifen am Rücken.

قُلاج *kulaǵ* s. ٢. Länge der ausgestreckten Aerme. Klafter.

قُلاغ *kulag* C. *chulag* Selǵ. قُولق s. ٢. Ohr. — قلاغى ازن vg.
unter ازن.

قُـلاغـوز und قُلاكُوز s. ٢٥, ٤. Führer. — قلاكُوزلا *kulaguzla* s. ٤.
führen.

قُلان *kolan* C. *colan* s. ١١, ١٤ Bauchriemen.

قُلان *kulan* s. ١١ wilder Esel.

قلعه *kaľa* (arab.) s. ٥١ Kastell.

قُلْغى *kolgy* Imp. قلغيغل s. ٤٤ springen.

قلق *kylyk* s. ١٩ Naturell. Das Wort scheint mit arab. خـاق
nichts zu thun zu haben.

قلقان *kalkan* C. *kalkam* (mongol.) s. ١٣ Schild.

قَلن *kalyn* s. ٢٧ Brautschatz.

قَلن *kalyn* C. 139 *kaling* s. ٢٧ dick.

قلبيچ *kylyč* C. *cliz* s. ١٣ Schwert. — Eigenname s. ٢٩.

قُم *kum* C. *kum* s. ٥ Sand. — 2° Welle. — قمارى *kumäri* s. ٢٩
(Sandmann) Wüstenbewohner.

قُم *kum* oder *kom* s. ٥ Sänfte. — 2° Sattelunterlage. Esels-
sattel. Vg. Radloff, *Proben der Volkslit. u. s. w.* VI, 185
z. 24 *kom* (Uebersetz. s. 242 Decken).

قماچى *kamčy* C. *kamiz, kamsi* s. ١٤ Peitsche.

قمرسقا *kumursaka* = قومورسغا (l'avet do Court.) s. ١١ Amoiso.

قمقاق *kamkak* s. ١ trockono, inoinandor vorwirrto, vom Windo zorstrouto Distol (= قمغۇق). — قملقاق باشلو *kamkak ballu* ibid. Thor. Tropf.

قۇملاق *komlak* s. ١٩ (Mong.) stark borauschondos Gotränko aus gokochtom Honig, worin man Rohrstongoln ähnlicho Kräutor (Hopfon) gemischt hat. Budagow II, 65ᵃ giobt das Wort als kazanisch mit dor Nobonform قۇولماق in dor Bodou- tung: Hopfon.

قن *kyn* C. *kin* s. ١٣ Schoido.

قۇن *kon* Imp. قنغل s. ٣٧ wohnon.

قنا *kyna* Imp. قناغل s. ٣١ oino Büsso auflogon, strafon [1]).

قناق *kănak* s. ٣٢ Gast. — قنقلة *konakla* C. *conacla* Imp. قنقلاغل s. ٤١ bewirthon.

قنالا *kynala* Donom. von قنا = حنا C. *kina* Imp. قنالاغل s. ٣١ mit Hinnasaft (lawsonia inormis) boschmioron.

قنان *kunan* s. ١٢ dreijähriges Füllon.

قنجيق *kanǧyk* C. *kanǧik* s. ١١ Hündin.

قندلا *kandala* C. *candala* s. ١٢ Laus.

قنشی *konšy* C. *consi* Osm. قوڭشى s. ٣٢ Nachbar.

قنغۇر *kongur* s. ٣١ röthlich.

قنكلی *kanyly* s. ١ Gotroidowagon.

قواق *kawak* s. ٨ (türkm. statt اوساق) Pappol.

قۇدق *kuduk* s. ١٢ jungor Esol.

قۇر *kawur* Imp. قورغل s. ٤٣ braton. — قورما *kawurma* s. ٥ Go- bratonos Floisch.

---

1) So douto ich dio arab. Ueborsotzung جَنّ مِنَ الْجَنَايَةِ.

قوش kuš C. kus s. ٩ Vogel. — قش بای bai kuš s. ١. Nachteule ¹). —
قراقش karakuš C. charachus s. ١. Adler. — قشلق kušlyk
s. ٢٨ Morgen, Vormittag (eig. Vögelzeit). — الاقوش, اقـوش,
قراقوش طنقش, (بزغش) بزقوش) und قشتنمر Eigennamen s. ٢٩.
قوشق kušak s. ١٩ Loibgurt. — s. ٢١ Busen.

قولن kulun s. ١٢ einjähriges Füllen. — Demin. قولناجان ibid.

قيبى = قـى bei Zenker. — قبى تنكز tängiz kuji s. ٧ Meeresküste.

قـى koi C. coy Imp. قيغل s. ٣٥, ٣٩, ٥٢ loslassen. — قـى تكا
tikä koi s. ٣٩ pflanzen. — قـى دنلدرو döndürü koi s. ٤٣ um-
stürzen. — Vg. unter ططو und كر.

قبا kaja C. kaia Selǵ. dass. s. ٥ Felsen.

قياش kujaš C. cuyas s. ٥ Sonnenschein.

قيان kojan C. coyan, koyan s. ١١ Hase.

قيبت kajyt C. kayt Imp. قيتقل s. ٣٤, ٤٢ zurückkehren. — قيتر
kaitur C. chaytar, caytar Imp. قيترغل s. ٣٤, ٤. Causat. zu-
rückbringen.

قبر Unbokannt s. ٥ Himmelssphäre.

قبر kajyr Selǵ. 34ᵃ s. ٥ Kiesel.

قيرق kujruk und قيرغ kujrug C. cuyruȝ قيرق قل kyl kujruk s. ١.
Art. Rebhuhn. eigt. Haarschwanz. Vg. noch unter ياغ.

قبغ kyg = قيف s. ١٥ (türkm. statt ميان) Schafmist.
قيغى kaigy C. kaygi... — طنت قيغى kaigy tut s. ٣٥ traurig sein.

قين kojun C. coy, koy s. ١٤ 1º Schaf. — قين نشى tiši kojun
s. ١٥ das weibliche Thier. — 2º s. ١٤ Brusttasche.

قين kâjin vg. unter اطا, انا, قزنداش (قرن).

_____

1) Die arab. Uebersetzung القبيسة ist nur orthographisch verschieden von
القبيصة welches Dozy aufgenommen hat.

قین *kyn* s. ٨ weisse Pappel.

قیومچی *kajumčy* s. ٣٤ (*türkm.* statt كمشچی) Silberschmied.

ك

كاچوت *käčüt türkm.* und كاچی *käči* s. ٩ Vg. unter كچ.

كاروان سرای vg. unter سرای.

كاشور *käšwär* s. ٨ *türkm.* = جمار Mohrrübe. Blau, *Bosn. türk.*

Sprachdenkm. كشور daucus carotta s. 156. Pavet de Court.

كشیر . Pers. كزر. Vg. Löw. *Ar. Pflanz.* n. 64.

كاغت *kägit* C. *chayett* = pers. كاغد s. ٣٣ Papier.

كالی *käli* C. *cheli* s. ١v Mörserkeule für Getreide.

كالین *kälin* C. *kelin* s. ٣٢ Braut.

كامش *kämiš* Imp. كامشكل s. ٣٤ nach etwas schlagen. Vg.
Vamb. *Uig. Spruchmen.*: kemismek = etwas abwehren.

كان *kan* (pers.) s. ٣١ Mine.

كب *küp* (*türkm.*) s. ١v Krug.

كب *köp* C. *cop* s. ٢o viel.

كبا *kübä* C. *chuba* s. ١٣ Panzer. — 2o s. ١١ Motte. — 3o s. ١٨
Ohrring.

كباش *käbäš* C. 120 *chepas* s. ١٨ hohe Mütze.

كبری *köprü* C. *chopru* s. ٩ Brücken.

كت *kit* (*köt*) C. 112 *koti* s. ٢١ der Hintere.

كت *kät gät* C. *chet* Solg. كیت s. ٤. gehen.

كتر *kötür* C. *kötur*, *köter* Solg. كینتر Imp. كنترکل s. ٣١, ٤o,
٤١, ٤٤, o٢ tragen, hinwegschaffen.

كچ *käč* C. *chez* Imp. كچکل s. ٣v übersetzen (intrans.) — كاچوت
käčüt (*türkm.*) und كاچی *käči* s. ٩ Uebergang.

كچ *kič* Imp. كچکل s. ٣v, ٣٨ trage sein. Vg. C. *keciv, kecew*
trage.

كَچ *köč* C. *köč* Imp. كَچِكل s. ٣٣, ٣v fortziehen. — Das Nomen
in كوچبا (Eigenname) s. ٢٩.

كَچ *küč* C. *cuč, kuz.* — كَچسبز *kücsiz* C. *kučzis* s. ٢٩ schwach.
— كَچلو *küčlü* ibid. C. *chučlu, kučlu* stark.

كَچا *käčä* (türkm.) = كبز s. ١v Filz.

كَچك *küčük käčik* s. ١١ junger Hund. — Deminut. كَچوكنا
(Eigenname) s. ٣..

كَچكن *küčkän?* s. ٩ Adler, Geier.

كَچى *käči* s. ١o Ziege = اچكى.

كِر *kir* C *kir* s. ٢v schmutzig.

كُر *kör* (*kär*) C. *ker* Imp. كركل s. ٣٢ kreuzigen. — كرا قى *kärä*
koi s. ٣٢ dass.

كِر *kir* C. *kir* Selǵ. كبر Imp. كركل s. ٢v, ٣٣ (hier كُركل), ٣٩ ein-
treten.

كُر *kör* C. *cur, chor, kor* Selǵ. كور Imp. كركل s. ٣٣ sehen. — يك كر
jik kör s. ٣٩ hassen.

كراچ *kiräč* C. *kreč, chiräč* s. ٢f Kalk.

كران vg. unter صو.

كرابغ *küräjag* s. ١٩ Sahne Vg. كربباغى bei Zenker.

كرب *küräp* = Griech. καραβος Vg. Ducange s. v. *carabus* s. v
Fahrzeug.

كربچ *kärpič* s. ٢f Ziegel.

كربك *kärpik* C. *chirpich* s. ٢. Wimper.

كرت *kört* (*kärt*) C. *kert* Imp. كرتكل s. ٣f, ٣٩ kerben. — 2° ibid.
in obscöner Bedeutung (السحب فى الجملع).

كرتما *kärtmä* C. *chertme* s. v Birne.

كرتى *kärti* C. *cherti, kerti* s. ١٨, ٢v Wahrheit. — كرتى ايت
kärti ait s. ٣٩ die Wahrheit sprechen.

كرش *köräš* Imp. كرشكل s. ٤١ kämpfen Vg. C. *keris* Streit und
Vambéry, *Uigur. Sprachmon.* s. 219 a.

كرش *kiriš* s. ١٣ Bogensehne.

كرشاك *kirsäk* (*kärsäk*). — كرشاك سيلا *kirsäk söilä* s. ٣٩ die Wahrheit sprechen (türkm.).

كرشان *kärsän*, vg. Pavet de Court: كبرشان blanc de céruse, s. ١٨ weisse Schminke welche die Weiber vor der rothen Farbe anbringen.

كرفيق s. ٢. Augenlid. — Die Richtigkeit der Lesart scheint verdächtig, weil das gewöhnliche Wort türkisch قيـپـاي lautet und كرفيق nur eine Variation von كرپك (s. oben) zu sein scheint.

كرك *kürük* C. 102 *churac* pala 1° s. ٧ Ruder. — 2° s. ١ Schaufel.

كرك *körk* C. *chorc*, *kork* s. ١٩ 1° Pelz. — 2° Schönheit.

كركى *kärki* C. *cherchi* s. ١٣٣ Beil.

كرم Unbekannt s. ٢٨ Zeit? Vg. die Note a. a. O.

كرمان *kärmän* C. *kermen* s. ٩ Stadt.

كرنجوك *kürünčük* s. ١٩ Tasche. — Vg. *kürtchin* Doppelsack bei Radloff, *Proben der Volksliteratur* IV, 382.

كرو *girü* Selg. كيرو Radl. *gärü* s. ٣٩ hinter.

كز *käs* Imp. كزكل s. ٤. drohen.

كزلا *kizlä* Imp. كـلا كـزلا s. ٣٩ verstecken. — كزلان *kizlän* C. *kizlen* Imp. كزلانكل s. ٣٤ sich verstecken.

كس *käs* C. *ches*, *kes* Imp. كسكل s. ٣٥ schneiden. — كساك vg. ات ١.

كس *kös* Imp. كسكل s. ٣٥ zürnen.

كشان *kišän* C. *chisan* s. ١٤ Fussfessel.

كشن *kišnä* C. *kyzinei* Aor. كشنار s. ١٢ wiehern.

كشى *kiši* C. *chīši*, *kisi* s. ١٩, ∞ Mensch.

كغاز *kängäs* = كگز (Osm.) s. ٢٥ leicht.

كك *kök* C. *kök*, *coc.* Selg. كوك s. ٥, ٣١ 1° blau. Intensiv كن كك *kün kök* s. ٣١, ٥١. — 2° Himmel.

ككك *kök* s. ٥ Ast, Wurzel, Sperma.

كَكْرَمَك kökrämäk s. ٥ Donner. Vg. C. *chocrac.*

كَل kāl gāl C. *chel, kel* kommen. Perf. كللَدى s. ٥١, ٥٥ Fut.
كلكاى s. ٥٩. — كلتر kāltür C. *cheltur* Imp. كلتركل s.٣٩,
٤٤ bringen.

كُل kül C. *cul, chul* Imp. كلكل s. ٣٩ lachen.

كُل kül s. ١v Asche.

كل gül C. *gul* (pers. = Rose) in Eigennamen wie كلچيبجك,
كلبهار und كـلـنـار s. ٣.. — كلاب gulab C. 94 *gulaf* s. ٨
(*türkm.*) Rose (pers. = Rosenwasser).

كلاجى küläci. — كلاچى ايـت küläči ait s. ٣٩ erzählen. Vg.
meine Bemerkung in der Z. d. D. M. G. XLIII s. 81, Note.
Aus dem näml. Cod. 419 Dresd. füge ist hier folgendes Beispiel bei (fol. 72ª z. 4): انينك برله كلاچى قيلس ايمدى.
كلاز kāläz (= كلاس) s. ١١ Eidechse.
كلاك köläk und كلكا kölägä C. 125 *colaga*, letzteres *türkm.*
s. v Schatten.

كلتا kältä s. ١١ Chamäleon. Salamander.

كـلـوك külük? s. ١٢ (*türkm.*) Eselheerde. Vg. Pavet de Court.
unter كولوك.

كليت kilit s. ٩ (*türkm.*) = اچقى Schlüssel = pers. كليد.

كليم kilim C. *chilim* s. ١v (*türkm.*) = چكمان Teppich (= pers.
كليم).

كم kim C. *kim* s. ٥١ wer.

كم köm C. *chon* Imp. كمكل s. ٣٣ begraben.

كمر kämür C. *comur* s. ٣٣ Kohle.

كـمـش kümiš C. *cumis* s. ٣٩ Silber. — Eigenname s. ٣.. —

كمشاجى kümišči s. ٢٤ Silberschmied.

كملدرك kömüldrük C. *comuldruc* s. ١٤ Brustriemen (Mongol.).
كمى kämä Selǵ. dass. C. *keme.* s. v Boot. — كمى‌چى kämäči
s. ٢٤ Schiffer.

كن ‏ *kün* C *cun* Solg. كون ‏ s. o, ٢٨ Sonne. Tag. — سراكو كن ‏
vg. unter اسرا‏. — كن ‏ برسى ‏ *birisi kün* C. *birisi cun* s. ٢٨
Uebermorgen. — كن ‏ تن ‏ *tün kün* C. *tunachun, tunekun*
s. ٢٨ gestern. — كندز ‏ *kündüz* s. ٢٨ Tag. — Vg. noch die
Eigennamen كندغدى‏, كندغمش ‏ s. ٣٩.

كنا ‏ *känä* s. ١٢ (*türkm.* statt قصرتفا‏) Laus.

كناس ‏ *künäs* Solg. كونش ‏ s. o (*türkm.* statt قيلش‏) Sonnenschein.

كمت ‏ *känt* C. *chent* s. ٩ Dorf.

كندر ‏ *kindir* C. *chendir, kinadir* s. ١٩ Hanf [1]).

كندك ‏ *kündik* C. *chindic* s. ٢١ Nabel.

كنكر ‏ *kängär* s. ٩ Artischoke (Cynara). Vg. Vullers, *Lex. Pers.*
unter كنكر‏.

كنلا ‏ *künlä* C. *kumla* Imp. كنلاكل ‏ s. ٤٢ beneiden. Radloff will
künülä.

كهار ‏ *gühär* = pers. كوهر ‏ s. ٣. Eigenname.

كوبك ‏ *göbäk* s. ٢١ (*türkm.* statt كندك‏) Nabel.

كوبك ‏ *köpäk*. — كوبك, ‏ ات ‏ Vg. unter ات‏.

كودا ‏ *gäwdä* Solg. dass. s. ٢١ Rumpf.

كوز ‏ (؟) s. ١٩ Teppich.

كورچين ‏ *köwärčin* C. 200 *kugrcin* (= كوكرچيمن‏) s. ١. Taube.

كوز ‏ *köz* C. *chox* s. ٩, ٢. Auge. — كزلو ‏ *közlü* s. ٢٩ sehend.
— كزسيز ‏ *kizsiz* s. ٣٩ blind. — بر كزلو ‏ *bir közlü* ibid. ein-
augig. — كوزن ‏ *közin* Imp. كوزنكل ‏ (Verb. neutr.) s. ٤٣ erscheinen. — كوزلا ‏ *közlä* Imp. كوزلاكل ‏ (Verb. denom.) s. ٣o,
٣٩ blicken. — 2° s. ٩ Brunnen.

كوزوكو ‏ *küzügü* C. *chuxgu* s. ١٨ Spiegel.

كوسا ‏ *kösä* s. ٢o dünner Bart.

───────────

1) Die arab. Uebersetzung hat كتان ‏ welches hier aber Hanf bedeutet.

كوسا *küsä* Imp. كوساكل s. ٣٧ wünschen. Vg. C. 20 *cusamac*, desidero. Radloff 36 a hat das Reflex. *küzän* angenommen auf Grund von *cusanurmen, cusandim, kusenganim.*

كوشك *köšäk* s. ١٤ junges Kameel.

كوك Unbekannt s. ١ Stroh.

كوكان *kökän?* s. ٧ Pflaume, Pfirsich, Kirsche; wohl verwandt

mit ar. خَوْخ, ursprünglich aram. nach Fränkel, *Die Aram. Fremdwörter* s. 142. Das ar. Wort hat zwar die Bedeutungen von Pflaum und Pfirsich (Vg. Dozy *Suppl.* i. v.), dass es aber auch Kirsche bedeuten kann finde ich nicht angegeben. Vg. aber Löw, *Aram. Pflanz.* n. 105.

كوكراك *kökräk* s. ٣١ Leichnam.

كوكرداش *kökürdaš* s. ٣٣ Milchbruder (aus كوكر + داش) Vg. كوكلتاش (Zenker).

كوكوست *kögüst* nur in den räthselhaften Worten سندى كوكوستم s. ١٨ wahrscheinlich = *kögüs* كوكوس Brust. Selg. dass.

كوكول *kögül köngül* C. *congul* s. ٣١ Herz.

كول *göl* s. ١ Pfütze.

كونان Unbekannt s. ١١ Frettchen.

كونجاك *könčäk* C. *chonzac* s. ١٨ Hosen.

كونلاك *künläk* C. 120 *choulac* (Mongol. كنككل) s. ١٨ Hemd. Vambéry, *Uigur. Sprachm.* s. 218 a *künglek.*

كونلان *künlän* Imp. كونلانغل s. ٣٧ bewundern. (vg. Zenker u. كونكوس).

كوناى *könäi.* — صو كوناى *könäi sü* C. *konessu, chonasuj* s. ٣١ Quecksilber.

كوى *köi* s. ١ (*türkm.* statt كنت) Dorf.

كوياكو *küjägü* s. ٣٣ Schwiegersohn. Bräutigam C. *chuyeyu.* — كوياكو اوطى *küjägü oty* s. ١ vg. u. اوط.

كهل *kahal* C. *kagal, kahal, chahal* s. ٣١ träge (*türkm.* statt ارماوو eig. = arab. كاهل).

كسى *kāi* C. *ky key* und *chey* (Radloff will *kī*) und Selǵ. *ǵāi*
Imp. كيكل ‎s. ٣٣ sich anziehen.

كسى *koi* Imp. كيكل ‎s. ٣٨ sich aufhalten.

كى *kāi ǵāi* s. ٢٥ gut = ايكى Selǵ. dass. — كيكلدى Eigenn. s. ٣.

كيجا *kāčā* C. *cheza* Selǵ. كيجه s. ٢٨ Nacht.

كيز *kijiz* C. *chiiz* (aus كز) s. ١٧ Filz.

كيك *kāik* C. 84 *cheyx*. Klaproth: *Sprache und Schrift der
Uigur.* 15 *keyik* s. ١١ ein wildes Thier.

كيَنْدِر *kājāndir* C. *cuydur*, *cuīdur* Imp. كينـدركـل s. ٣٥ anzünden.

كينك *kāing* C. 139 *keng* s. ٢٧ breit.

ل und م

لاجين *lacyn* s. ١. weisse Falke. — Eigenn. s. ٢٩.

مامق *mamyk* C. *mamuk* s. ١٩ Kattun.

ماجى *māči* C. *mazi* s. ١١ Katze.

ماه *mah* (pers.) Mond in den Eigennamen ماهجهان und مهلتى s. ٣٠.

مرجماك *mārčimāk* C. *marximac* s. ٩ (*türkm.*) Linse.

مروارى *mārwāri* = pers. مروابيد Eigenname s. ٣٠.

مغل *mogul* im Eigenn. مغلطاى s. ٢٩.

مكز *māgiz* C. *meyx* vultus s. ١٩, ٣١ Angesichtsfarbe.

من *min* Imp. منكل s. ٣٣, ٥٢ aufsitzen.

مَناس *manas* s. ٢٣ ein Viertel. Vg. die Bemerkung des Glos-
sators: jetzt ist das Wort unter ihnen wenig bekannt, nur
dialektisch in verschiedenen Ländern.

مَنكو. — منكو قل *māngū kāl* s. ٤. dauern. vg. مونكو bei Pavet
de Court.

مَياق *majak* s. ١٥ Schafmist.

مبين *min* Selǵ. بين s. ٢٢ tausend.

مُيِّن mūjin s. ١٥ Brühe. Bouillon. Vg. Radloff, *Proben der Volks-lit.* u. s. w. I, 14 *min* dass. Budagow unter مِن (Alt).

ن

نا *nä* C. *ne* Selǵ. نا s. ٥٩ was. — نتا *nätä* Selǵ. نيتة s. ٥٥ (*türkm.*) wie. — نجا *näčä* C. *nece, neza* Selǵ. نيجه s. ٥٥ wieviel. — نچك *näčük* C. *necik.* ibid. wie. — نسا *näsä* Selǵ. dass. s. ٥٩ etwas.

نار *nar türkm.* = انار pers. s. v Granatapfel. — كلنار Eigenname s. ٣٠.

نشان *nišan* Zeichen (pers.). — نشانلا *nišanla* C. *nisanla* Imp. نشانلكل s. ٤٢ siegeln. unterschreiben.

نقطا *nokta* C. *nocta* s. ١٤ Leitseil.

نماز *namaz* Gebet (pers.) — نماز قل *namaz kyl* s. ٤١ beten.

نمازبين *nämäzän* = نمدزين (pers.) s. ١٤ Sattelunterlage.

نوبهار *näwbähär* (pers.) Eigenname s. ٣. (eigt. neuer Frühling).

و

وچاق *wučak* = اوچاق s. ٩ Ofen.

ور *wur* C *ur* Selǵ. اور. Perf. وردى s. ٥٢ schlagen. — ورق *wu-rak* s. ٩ Sickel.

ى

يا *ja* C. *yaa* s. ١٣, ٢٤ Bogen. — ياچى *jačy* s. ٢٤ Bogenma-cher. — يالو *jalu* Inhaber eines Bogens im Eigennamen قتى يالو s. ٣٠.

يا *jä* C. *ie, je* Selǵ. يى Imp. ياكل s. ٤٣, ٥٣, ٥٩ essen. — يامش *jämiš* C. *yemis, jemis* s. v Frucht. — Vg. unter يم.

ياپ *jap* C. *jap* Imp. ياپقل s. ٣٤, ٣v. 1° bauen — Daher ياپچى *japčy* (*japyčy*) s. ٢٤ Architekt. — 2° den Teig kneten. — 3° die Thür schliessen. — ياپين *japyn* Imp. ياپنغل s. ٣v sich anhängen statt des gewöhnl. ياپش.

يباغو *jabagu* (Cod. يباغو) s. ١٥ rohe Wolle.

بابان jaban s. o Wüste.

بارق jaryk s. ١٣, ٢۴ Harnisch. — بارقچی jarykčy s. ٢۴ Waf-
fenschmied.

بارن jaryn Selg. dass. s. ٢٨ Morgen.

باز jaz Imp. بازغل s. ٣٨ sündigen. — بزق jazuk C. jazok Selg.
dass. s. ٣٨ Sünde.

بار jaz C. yax Imp. بازغل s. ٣٣, ۴. schreiben (türkm. statt چز).

بازی jazy C. jas, yax s. o Ebene.

باستق jastuk C. yastuc s. ١٧ Kissen.

بش jaš C. yaš s. ٢١, ٢٩ Thräne. — 2° feucht, frisch, Leben ibid.

بلشل jašyl C. yaxil s. ٣١ grün. — Intens. بلم باشل jam jašyl s. ٣١.

باشن jašyn s. o Blitz.

باشن jašyn C. issun, iazzin Imp. باشنغل s. ٣٨ sich verborgen.

باصی jasy C. iesse s. ٢o breit. — باصیسز jazysyz ibid. eng.

بط jat s. ٣٢ Fremd.

باط jat Selg. بات C. yat Imp. باطغل s. ٣۴ schlafen. — باطر jatar
Nom. Aor. s. ٣٩ schlafend. — باطنق jatuk s. ١١ Hasenlager. —
باطسون jatsun s. ٢٨ Abendzeit (eig. Imperativform von
باط schlafen = Osm. يانسو oder يانسی).

بغ jag C. yag s. ١o Fett. — قیمرغ باغی kuirug jagy ibid. das
Fett des Fettschwanzes. — باغلق jaglyk s. ١٨ Schnupftuch.

باغرت jâgurt C. yugurt s. ١٩ Quark.

باغز jagyz (braun) s. ١٣. — قراباغز karajagyz dunkelbraun s. ٣١.

باغی jagy C. 29 yage bellum s. ٣٩ Feind.

باقن jakyn s. ٢o nahe.

بل jal C. jal s. ١٢ Mähne.

بالقز jalykyz Osm. بالكز sonst بالغوز C. jalgiz, jalguz, yalgux
s. ٣٩ allein. Gegensatz: Zwilling.

بامش vg. unter ب.

بان jan Selg. dass. s. ٢١ Seite.

باوا jâwa C. youa s. ٨ Zwiebel.

باوا jawa = pers. باوه verloren. — باوا ايتنكل jawa ät s. ۴۱ (türkm. statt ايلا طاس) verlieren.

بليغ jajag s. ۳۴, ٥٥ Fussgänger.

باينى jäini s. ۲۷ leicht. — باينتت jäjint Imp. باينتنكل s. ۳۹ erleichtern.

يپار jypar C. ypar s. ۱۸ Moschus.

يبرق japrak türkm. statt يبلدرق jabuldrak C. yabuldrac s. ۷ Blatt.

يبشتر japyštur Imp. يبشترغل s. ۳۷ heften.

يبقا jopka fein s. ۲۷ vg. unter اتملك und جز.

يبلك jipäk C. ypac s. ۱۹ Seide.

يبلاق jabalak C. 129 yabalac s. ۱٠ Eule.

يبلدرق Vg. unter يبرق.

يپليك jiplik s. ۳۳ Faden.

يت jät C. yet, iet Imp. يتنكل s. ۲٥ erreichen. — يتر jätür Imp. يترکل s. ۳۸ erreichen machen.

يت jät (يدملك) bei Zenker. Imp. يتنكل s. ۳٥ beim Zaume führen.

يت jit Imp. يتنكل s. ۳٥ verloren sein. Vg. C. jitir.

يت jut Imp. يتنقل s. ۳٥ verschlingen. — يدر judur Imp. يدركل s. ۳۴ zu Essen geben, wenn nicht يدر zu lesen ist von يا essen.

يتى jäti C. jeti, jetti s. ۲۲ sieben. — يتمش jätmiš s. ۲۲ siebzig.

يتى jiti s. ۲۷ (nach Conjectur aufgenommen) scharf.

يدر vg. unter يت.

ير jar C. yar Selǵ. dass. Imp. يرغل s. ٥, ۴۱ spalten.

ير jar s. ٥ schroffer Felsen.

ير jar s. ٥, ۲۱ Speichel.

ير jär Selǵ. dass. C. yer und jer s. ٥, ٥۱ Land. Ort. — يرداش järdaš s. ٥۱ Landsmann.

يراق jyrak C. yrac s. ٢ه fern.

يَراقلا jarakla aus بارای لا + Imp. يراقلانغل s. ٣٨ sich waffnen.

يرت jarat Imp. يرتقل s. ٣٩ zerreissen. (Die Vokale im Cod.
sonst بيرت jyrt).

يرت jarat C. yarat, jarat. Selg. dass. Imp. يرتقل s. ٢٢ schaf-
fen. — Part.: يرتقان jaratkan s. ٣ der Schöpfer.

يُرت jurt C. yurt s. o Niederlassung.

يرت vg. unter يورى.

يرسا järäsä s. ١. (türkm.) Fledermaus.

يَرَش jaraš, jaryš Imp. يرشغل s. ٢. wetteifern spez. beim
Wettrennen.

يرغا Vg. unter يورى.

يرغان jurgan s. ١v Bettdecke (türkm.) = يغرغان jugurgan ibid.
dass. Nach Radloff Phon. § 366 aus jabyrkan entstanden.

يرلاغا jarylga, jarlyga Selg. dass. C. jarilga und yarliga. Imp.
يرلاغاغل s. ٢٢ sich erbarmen. Part. يرلغان s. ٣.

يرمغ jarmak s. ٤o Silbergeld. Dirhem.

يرمغ jyrmak s. ٩ (türkm. statt ازن) Fluss.

يرومچلك jürümčäk s. ١٩ Käse. Kirg. irimtchik Vg. die ausführ-
liche Beschreibung bei Radloff, Aus Sibirien I, 427 (Krü-
melkäse aus Schafmilch).

يز jilz C. iwx (sic). Selg. يوز s. ٢٢ hundert.

يز jüz Selg. يوز C. juz s. ٢. Antlitz. — يزليك jüzlik s. ١٩ Aussenseite eines Kleides.

يز jüz C. yux, jux Imp. يزكل s. ٣o, ٢٩ schwimmen.

يزم jüzüm C. uzum, xuxum s. v Weintraube.

يزنا jiznä C. 114 yexna cognatus s. ٢٢ Schwiegersohn. Bräutigam = كوياكو.

يس jas Imp. يسقل s. ٢٣ den Bogen entspannen.

يشماق jašmak s. ۱۸ Schleier.

يـغ jag C. yag. Imp. يغغل s. ۴۲ regnen. — يغمور jagmur s. ٥
(türkm.) = يمغر Regen.

يغر jugur C. jur, juur Imp. يغرغل s. ۳۴ kneten.

يغران jagran = ياغرين s. ۲۰ Schulterblatt.
يغرغان Vg. unter يرغان.

يغن jogun C yogan s. ۲٧ dick.

يغل jungul C. yungul s. ۲٧ leicht.

يغبماللا jagymala Imp. يغبماللغ s. ۳۳ plündern.

يقف jok. — يقلو joklu s. ۳۹ arm. — يقسول joksul C. yocsul.
Selg. dass. s. ۳۹ dasselbo.

يقف jak. — صو يقف Vg. unter صو.

يقف jyk C. jyck Selg. يمقف Imp. يقفل s. ۳٧, ۴۴ umwerfen. —
Hierher gehört wohl يقفق jykuk (Cod. يقفق) s. ۲٧ wüst.

يقا jaka s. ۱۹ Kragen.

بة Aussprache unsicher s. ۳۲ Nebenfrau d. h. Frauen desselben
Mannes. Im Osm. hat man dafür قوما.

يقش jåkuš = يوقوش s. ۹ Anhöhe.

يقشى jakšy C. yacsi s. ۲٥ schön.

يقلق jaklyk s. ۲۴ Guitarre = ايغلبغ. — يقلچى jakylčy s. ۲۴
derjenige welcher das jaklyk bespielt.

يك jik C. jek, iec Unwohlsein. — يك كر Vg. unter كر.

يك jük s. ۱۰ Flaum. Vg. unter ينك.

يك jik = ايك s. ۱٧ Spindel.

يكا jägä = ايكه اكه s. ۳۳ Feile.

يكاق jangak C. yaagh, yaac s. ۲۰ Wange.

يكان jagan C. yegan s. ۱٧ Natter.

يكت jigit C. ygit s. ۲۴ Jüngling.

يِكَدا jigdä = ايكدا s. ٨ Zizyphus.

يِكُر jügir C. yugur Imp. يكركل s. ٣٥ schnell laufen. — اوكلرجى ügärči s. ٢٣ Eilbote.

يِكِز jikiz vg. unter يكى.

يِكسَاك jüksäk s. ٢٥ hoch. — يِكْسَت jüksät Imp. يكستكل s. ٤٢ in die Höhe heben.

يِكْسُوك jiksük = يوكسوك s. ٣٣ Fingerhut.

يِكنا jignä (türkm.) C. ygina = بينا jinä s. ٣٣ Nadel.

يِكُنجى jügünči s. ٣٣ Khalife; eig. derjenige welcher sich ver- beugt im Gebete von يوكون sich verbeugen.

يِكِنْدُو jäkindü s. ٢٨ (türkm.) = يكر) Nachmittag. Das Wort ge- hört etymologisch zum folgenden.

يكى jäki s. ٢٢ zwei. — يكرمى jäkirmi s. ٢٢ zwanzig. — يكز jikiz jükiz C. egiz s. ٢٨ 1° Nachmittag. — 2° s. ٣٩ Zwilling.

يل jäl C. yel Selǵ. بيل s. ٥ Wind. — يلكان jälkän s. v Segel.

يل jyl C. gil jil (Cod. = das vorhergeh.) s. ٢٨ Jahr. — ايلشين ilišän jyl s. ٢٨ das vergangene vorletzte Jahr. — كلكان killgän jyl ibid. das künftige Jahr. — كـلـداجى jäl käldäči jyl ibid. das zweitfolgende Jahr.

يِلا jäla C. jala Imp. يـلاغـل s. ٣٥ lecken. — يلاق jalak s. ١١ Hundetrog = يلاغ.

يلان jylan C. ilan s. ١١ Schlange.

يلان jalan s. ٢v Lüge. — يلان سبلا jalan söilä s. ٣٩ lügen. (türkm.)

يلدرم jyldyrym s. ٥ (türkm.) = ياشن 1° Blitz. — 2° Glas.

يَلْدُز jälduz C. julduz Selǵ. يلدوز s. ٥ Stern.

يلغون jylgun Osm. ايلغين s. ٨ Tamariske.

يلكارى jilgäri C. ilgari, ylgari s. ٣٩ vor.

يلم jilim s. ٣٣ Leim.

يلمان jälmän s. II Springhase (jerboa) = يالمان Eigenname s. ٣٠.

يلواچ jalawač s. ٣ Bote.

يـم jim jüm C. em s. ٣٩ 1º Futter. — يـم بـر jim bär s. ٣٩ futtern. — 2º s. ٣٣ Arznei.

يم jum C. ium Imp. يمكل s. ٣٨ die Augen schliessen.

يمان jaman C. yaman s. ٢٥ schlecht.

يمرتـقـا jumurtka C. jumurtka und (türkm.) يمردا jumurda s. ١٠. Ei.

يمروق jomruk bei C. 223 juruk, wofür Radloff 45ª judruk annimmt). — يمرقلا jomrukla Imp. يمرقلاغل s. ٣f einen Faust-schlag geben. — يمرقلاش jomruklaš s. ٣٣ Verb. recipr. mit einander boxen.

يمرلات jumurlat Imp. يمرلاتكل s. ٣٣ in eine runde Form kneten.

يمشق jumšak C. yumsak s. ٣٩, ٢٨ weich. — يمشن jumšan Imp. يمشنغل s. ٣٣ weich sein. — يمشت jumšut Imp. يمشتقل s. ٣٣ erweichen.

يمغر jamgur durch Metathesis für يغم. Vg. unter يغ.

يبنا jänä Selǵ. يبينه s. ٥٩ darauf, nachher.

يبنا jünä = يونه s. ١f Sattelunterlage aus Filz..

ينت jont s. ١٢ Pferdekoppel.

يناچا jinča C. inčcha. s. ٢v fein.

يناجا jönča s. ٩ Klee.

يناجق junčuk Inf. يناجقماق junčukmak s. ٣٣ Imp. يناجققل s. ٣٨ Verrenken, Verrenkung ¹) = Osm. اينـجبيك Vg. Radl. W. 1453.

يناجو jünčü C. ingču s. ٣١ Perle. Eigenname s. ٣٠.

_____

1) Die Wörter فهان und تفاعق (فهق VI) sind in den ar. Wörterbü-chern nicht verzeichnet, auch nicht bei Dozy. Wir müssen also bei der Er-klärung ausgehen von فهق I Primam cervicis vertebram vel os فهقة appel-latum affecit laesitve (Freytag).

بِنَاجُوق *jănčuk* C. *yanzic* s. ٢١ Börse.

بِنَاجُوك *jünčük* Vg. اذنجك اذنجل boi Zonkor s. ٢١ Vordorscito des Boinos.

بِنْدُر *jăndur* C. *yandir, yandur* Imp. ينْدرك s. ٣٣ anzünden.

بِنْدُر Unbokannt. Imp. يندرغل s. ٣٨ sich orbrochon.

بِنَغْم *janguč* = يونغه s. ٣٣ Hobolspano. — ينغوجي, *jangučy* s. ٣٣ Zimmormann.

ينك *jüng* C. *yeng* s. ١٩ Aormol.

بِنَك *jüng* Vg. obon u. يك C. *jong, yung* s. ١٥ Wollo.

بِنْكَا *jăngă* s. ٣٢ (Schwiogortoohtor) Schwägorinn.

ينكاج *jănkăč* s. v Krobs.

يو *ju* C. *ju, juu* Imp. يوكل s. ٣٣, ٣٧ waschon. — ين *jun* Imp. ينكل s. ٣٧ sich wasschon.

يُوا *jowa* s. ١. Nost.

يَواش *jawaš* vg. C. *youas*(lic) s. ٢٤ sanft; von Pferdon: folgsam. Woibornamo s. ٣..

بوجسا *jüčü* s. ٢١, ٢٥ Rückon, dor höchsto Thoil jodor Sacho, hoch.

يور *jaur* und *jaury* (*türkm.*) s. ١. Küohloin.

بورك *jürük* C. *jureg* s. ٢١ Horz.

يُورمَق *jurmak* s. ٢. Faust. Faustschlag. Dassolbo als يمرض mit Motathosis.

يُورَن *jörän* Imp. يورنكل s. ٣٤ lornon. Vg. obon اكران unter اكرت.

يورى *jüri* C. *yuru* Imp. يورىكل s. ٣٥ gohon. — تك يـرى *lik jüri* s. ٣٨ schweigon. — برت *jürit* Imp. يرنكاك s. ٣٣ laufen lasson. — يرغا *jurga* s. ١٣ Passgängor.

يورز *jürz* Vg. untor يز.

يَـوُز *jawuz* Selǵ. ياوز s. ٢٥ böse. — يـوزلا *jawuzla* Imp. يـوزلاكل s. ٤. tadeln.

يوزُوك *jüzük* C. *juzuk* s. ١٧ Siegelring.

يوشان *iaušan* = باوشان (Zenker) s. ٩ Absinth.

يَوُق *jawok* s. ٢٥, ٣٢ Verwandter. — يـوت *jawot* Imp. يـوتـقـل s. ٤٣ ¹) näher bringen.

يوقارى *jokary* C. *iochari*. Selǵ. يوقارو s. ٢٩ oben.

يوك *jük* C. *yuc* = ابوك Last. — يكلو *jüklü* s. ٢٥ schwanger. — يكلات *jüklät* C. *yucla* Imp. يكلاتكل s. ٣٩ belasten.

يول *jol* Selǵ. dass. C. *jol yol* s. ٥, ٥١ Weg. — يولار *jolar* s. ١٤ Leitseil. — يولار صابى *jolar saby* ibid. Handhabe des Leitseils. — يولداش s. ٣٢, ٥١ Reisegefährte.

يول So unrichtig s. ٢٥ L. بول *bol* (türkm.) = تالم viel.

يولى *july* C. *yulu* Imp. يوليكل s. ٣٩ scheren.

يوى *joi* Imp. يويكل s. ٣٣ abkratzen, ausrotten. Vg. Budagow unter يويمق.

يـى *jy* s. ٤١ Geruch. — يـيـلا C. *jila, jyla* Imp. يـيـلاكل ibid. riechen.

ييت *jijit* = يكت.

يينا *jinā* = يكنا.

---

1) Die Hs. hat يوققل, was in den Noten nicht bemerkt ist.

ZUSÄTZE UND BERICHTIGUNGEN.

Herr Melioransky hat die Güte gehabt mir brieflich einige
Bemerkungen zu den bereits gedruckten Bogen dieses Glossars zu schicken, wovon Einiges bereits vor dem Abdrucken
berücksichtigt worden ist. Einiges andere theile ich mit seinem Erlaubniss hier mit.

s. 6. Bei der Besprechung der Aussprache von ‿ wäre vielleicht am Platze zu erwähnen, dass ‿ in Aegypten oben als
g ausgesprochen wurde und oben deshalb seine Aussprache
als ‌č oder ‌ǧ für die Aegypter einer besonderen Erklärung be-
dürfte. Dagegen scheint die Beweiskraft des Wortes اوغـان
(s. 7) dadurch abgeschwächt zu sein, dass das Wort im كتاب
الادراك, welches sicherlich in Aegypten verfasst wurde, ohne
weiteres mit der Uebersetzung الله verzeichnet steht. Meines
Wissens ist das Wort geläufig nur im Uigurischen, bekannt in
der späteren gewählten Sprache der literarisch gebildeten Türken; aus der einfachen Sprache scheint das Wort ziemlich früh
durch تنكرى, خـدا, الله u. s. w. vordrängt zu sein (M.)

s. 17. Das *Dhamma* und *Fatha* in قل (قُل), قُرط (قَرط) und
قُنـاق (قَنـاق) lassen sich dadurch erklären, dass unter dem
Einflusse des ق der folgende Vokal (einerlei ob eigentlich ,,a"
oder ,,u") einen dumpfen, unbestimmten Klang hat; dieselben
Zeichen in يَقش, يَلدور, يُلا bin ich geneigt als reine Schreibfehler zu betrachten (M.).

s. 18 z. 3 v. u. »mit einem Buchstaben vermehrt erscheint".
Hierbei ist zu beachten, dass ich nur die *Schrift* im Auge
habe; in der lebendigen Sprache repräsentirt dieser Buchstabe
eine Silbe (mit vorhergehendem Vokal).

s. 21 z. 12 الـچـى Gesandter von ايـل Frieden. — الـچـى
kommt im *Kudatku Bilik* im Sinne von »Fürst, Repräsen-
tant des Volkes" vor und demnach, glaube ich, ist das Wort
von ايـل (Volk) abzuleiten (M.). — Hierzu bemerke ich, dass ich
hier einfach die Ableitung des Verfassers des Glossars s. ٢٥, 6
wiedergebe.

s. 22. Es versteht sich dass die Weise, worauf verschiedene türkische Wörter hier zerlegt sind, nicht in allen Fällen
den nämlichen Grad von Sicherheit beanspruchen darf. Ich be-
tone dies hier nochmals ausdrücklich, weil auch Herr M. mir
seine Zweifel ausspricht in Bezug auf einige der genannten
Beispiele, welche er für unzerlegbar hält.

s. 33, 34. Einige (und nicht wenige) von den hier angeführten Beispielen mögen Doppelnamen in Ihrem Sinne des
Wortes gewesen sein. Doch scheint es mir, dass in einigen
von ihnen die erste Hälfte doch wohl adjektivisch aufgefasst
werden kann z. B. goldener Stier, silberner Stier (überhaupt
wo die erste Hälfte irgend ein Material bedeutet). Ferner ist
mir eingefallen, dass vielleicht (es ist nicht mehr als eine Ver-
mutung) die Namen ايـتـغـمـش, ارسلان, تـغـمـش, u. ähnl. sich
so erklären lassen: »es (das Kind) ist wie eine Sonne, wie
ein Löwe geboren" (M.).

s. 37. Die Analyse Radloff's von نـسـا gefällt mir besser
(M.). — Hiermit bin ich einverstanden, obgleich ich die abweichende Analyse aus نـه $+$ سـى an erster Stelle erwähnt
habe, weil diese die bekannteste ist.

s. 39. In قـيـنـر u. ارنـر steckt wahrscheinlich das د des Cau-
sativ's in ت (ت؟) (M.). — Ich halte dies sogar für gewiss.

s. 40 z. 5 Herr Melioransky betont die Tendenz des ل nach

»n" und anderen Liquidis in »d" über zu gehen (vg. oben
s. 22, 4 v. u. برندق für برنلق). — Auch mir scheint es dass
Radloff a. a. O. Recht hat, doch habe ich diese Erklärung von
الدا und اندا nicht als sicher vorstellen wollen mit Rücksicht
auf ازدا. — Hierzu bemerkt M. weiter: ازرا heisst ja ursprünglich »der Spur eines Tieres nachgehen" und ist also aus ابز
(Spur) + لا entstanden. Sehr interessant ist es, dass, da das
Verbum ابزدا diese ursprüngliche Bedeutung im Altajischen
verloren hat, sich von Neuem das Verbum ابزلا gebildet hat,
so dass jetzt im Alt. beide Verba existiren: ابزدا für »suchen"
und ابزلا für »ein Thier nach dessen Spuren verfolgen".

s. 51. آقى Die Ableitung des آقى von حق hat Radloff
aufgegeben, findet aber, dass auch Ihr Versuch es mit اق
(weiss) zu vergleichen misslungen ist (M.). — Allerdings ist es
mit solchen Ableitungen im türkischen noch eine missliche
Sache, doch für meine Vermuthung (mehr ist es nicht) spricht
dass die Adjektiven آق weiss und قرا schwarz oft metapho-
risch für edel und gemein (Sklave) gebraucht worden. Vg. z.
B. in diesem Glossare: قراباش Magd. Sklavin.

s. 53 التــون Sie hätten altyn schreiben sollen, denn die
doppelte Orthographie التون und آلطن spricht dafür, dass der
Verfasser *hier* es mit dem Laute y zu thun hatte, den er
weder durch ى noch durch — genau wiedergeben konnte. Radloff will in mehreren Wörtern y statt u haben z. B. *agyz*,
airyk u. A. (M.). — Es sei mir gestattet dieser Bemerkung
nicht zu widersprechen und meine Transscription dennoch
aufrecht zu halten, weil es eben unmöglich ist zu wissen, ob
in einem sonst unbekannten Dialekte y oder u gehört wurde,
wo die Vokalzeichen, wenn vorhanden, eine doppelte Aussprache zulassen.

s. 53. النى *illi* kommt in dieser von der gewöhnlichen etwas
abweichenden Bedeutung auch in meinem Glossar vor (M.).

s. 56 اورن halte ich möglicherweise für eine verdorbene Aussprache oder Schreibweise des ايران. Radloff stimmt bei (M.).

s. 58. In آزكر sind vielleicht die Vocalzeichen ganz abzuändern und noch ein Abfall des finalen ن anzunehmen. Dann kommen wir zu der Form ايكزن was in modernen Dialecten in *jirän ǵirän* u. A. sich verwandelt hat und gerade »Brandfuchs" bedeutet (Mittheilung Radloff's an Herrn M.)

s. 65 بى Der Name اسنباى, den ich sehr oft gehört habe, wird Isenbaj ausgesprochen und besteht, glaube ich, aus اسن + باى; باى bedeutet »reich" und dann einfach »Hausherr" (M.).

s. 81 صرنجقا bringe ich mit قرنجقه zusammen; in meinem Glossar ist ein Wort سرنجق arab. النمل das wahrscheinlich zu derselben Sippschaft gehört (M.).

Im arabischen Texte sind auch einige Druckfehler und Versehen eingeschlichen, doch brauche ich die Liste derselben hier nicht zu wiederholen, weil die wichtigsten bereits im Index angemerkt sind, weshalb ich den Leser bitte bei etwaigem Zweifel dort nachschlagen zu wollen.

TEXT.

بسم الله الرحمن الرحيم وبه نستعين

الحمد لله الذى خلق الانسان وخصّه بمزيّة النطق وشرف البيان وخالف اطهارا لآياته بين الالسنة والالوان فقال عزّ وجلّ [a] واختلاف ألْسِنَتِكُمْ وَأَلْوانِكُمْ إِنَّ فى ذلِكَ لَآيَاتٍ لِلْعَالِمِينَ وصلّى الله على سيّدنا محمّد صاحب اللسان العربى الباهر وعلى آله وصحبه النجوم الزواهر صلاةً دائمةً مستمرّةً لا نهاية لها ولا آخر امّا بعد ذلى وضعت كتابى هذا مقتفيًا به اثر من تقدّمنى ممّن وضع الكتب فى ترجمة اللغة التركيّة وارجو ان شاء الله تعالى أن اكون موفيًا لما يحتاج اليه المستفيد من غير ان يفتقر فيه الى شيخٍ او موقف وذلك بقدر ما وسعه علمى ووصل اليه فهمى فرحم الله من نظر فيه المتجاوز للحليم وعلم انّ فوق كلّ ذى علم عليم، اعلم وثقك الله انّ اللسان[b] التركىّ القفجاقى الخالص عارٍ من ثمانية حروف وهى الثاء والحاء والخاء والضاد والظاء والعين والفاء والهاء فان سمعت كلمةً تتضمّن بعض هذه الحروف فاعلم انّها ليست من اللغة التركيّة الخالصة وانّها كلمة مستعارة من غيرها وقد عيّنت ما وقع الخلف فيه بين اللغة التركيّة الخالصة وبين اللغة التركمانيّة وما هو مستعار بين

---

a) Qorân 30, 21. b) Cod. لسان.

النــاس الآن من اللغة الفارسيّة وغـيـرها ممّا سيأتي ذكره في
مـواضـعـه ان شـاء اللّه تعالى وعلّمت لحروف المعجـمة وغـيـر
المعجـمة بـعـلائـم مصطلح على بعضها عنـد الـتـرك ليستدلّ
المستفيد على صحّة التلفظ بها فأمّا الباء المنقوط تحتها بثلاث
نقط فهى ياء مفخّمة بين الباء والفاء وأمّا لجيم المنقوط تحتها ٥
بـثـلاث نـقـط فهى ايضا مفخّمة بين الشين ولجيم تشبه تلفّظ
نبط بلاد بَعْلَبَكّ بالجيم وأمّا الـزاء المعلّم فـوقها بميم لطيفة فهى
ايضا مفخّمة تشبه تلفظ نبط اهل الصعيد بالصاد وأمّا الكّاف
المنقوط فـوقها بثلاث نقط فـهى بين الغين والـكـاف مغنّنة
ومخرجها من لخيشوم وامّا اللام المعلّم فوقها بميم لطيفة فهى ايضا ١٠
مفخّمة والنطق بها كالنطق بلام لجلالة عزّت وجلّت، ونبدأ
باسم الله سبحـانـه ثم بـأسماء الملائكة ثم باسم النبىّ صلّعم الله
سبحـانـه وتعالى تفكري وفي لـغـة لا يعرفها الّا القليل من الناس
أغَان ۞ لخالق يَرْتُقان ۞ الرحيم يَرْلُغان ۞ الملائكة فرشتلار
واحدها فرشْتَهْ ۞ بالفارسيّة النبىّ صلّعم بَيْغَامْبر وهـو ١٥
بالفارسيّة تفسيره مـؤدّى الـرسـالـة ۞ الرسول مطلقًا يلواج ثم
نستأنف a ذكر الاسماء ومصادر الافعال والامر بها وتصريف الكلام
وما لا بدّ منه من ضوابط الكلام وغيرها مبنىّ ذلك على اربعة
اقسـام وفي القسم الأوّل فى الاسماء فقط القسم الثانى فى مصادر
الافعال والامـر بها القسم الثالث فى تصريف الـكـلام والافعال ٢٠
القسم الرابع فى ضوابط الكلام وما لا بدّ منه ۞

---

a) Cod. نستنانف.

القسم الأول فى الاسماء فقط يشتمل على ستة وعشرين فصلا الفصل
الاول فى اسماء a العلويـات وما يقـاربها الفصل الـثـانى فى الارض
وما فيها من الاماكن الفصل الثالث فى المياه وما فيها الفصل
الرابع فى الاشجار والفواكه والنبات الفصل الخامس فى الـزراعات
والانهار والحبوب الفصل السادس فى الطيور وما نـاسبها الفصل
السابـع فى الـوحـوش وما يتبعها الفصل الثامن فى الحشرات وما
يشبهها الفصل التـاسع فى الخيل واجناسها والـوانها الفصل
العاشـر فى عدد الخيل والسلاح والحرب الفصل الحادى عشر فى
الجمل والبقر الفصل الثانى عشر فى الغنم والماعز الفصل الثالث
عشر فى الاطعمة والماكول والمشروب والالبان الفصل الرابع عشر فى
اثاث البيت والفرش وما يختص بالنساء الفصل الخامس عشر
فى الملبوس والاقشة وانواعها وما نـاسبها الفصل السادس عشر
فى اعضاء الانسان الظاهرة والمعاء الباطنة وما معها الفصل السابع
عشر فى الاعداد والحساب الفصل الثامن عشر فى الصنائع وعددها
ومـراتب الناس الفصل التاسع عشر فى صفات الناس الفصل
العشرون فى اسم كل شىء وضده الفصل الحادى والعشرون فى
الاوقات الفصل الثانى والعشرون فى تفسير الاسماء التركيبة وغيرها
الفصل الثالث والعشرون فى الالوان وتأكيـداتها الفصل الرابع
والعشرون فى المعادن الفصل الخامس والعشرون فى الاقارب والموالى
والمماليك فى الالزام والمعارف الفصل السـادس والعشرون فى
الامراض والعلل والادوية والموت ۞

---

a) Cod. الاسماء.

الفصل الاوّل فى اسماء العلويات وما قاربها

السماء كُكْ وهـو الازرق وهو للجنس وهو الاصـل وهو النطفة ۞

الفلك قيز ۞ الشمس كُنْ وهو اليوم ۞ الشعاع قياش ويقال كُبَاس وهـو بالتركمانىّ ۞ القمر اَيْ وهـو الشهر ۞ ضوء القمر اَيْدِينْ ۞ الهلال ينكي اي يعنى قمر جـديـد ۞ البـدر اَيْ طُلـُن يعنى نر مـلاَنْ ۞ النجم يَلْدُزْ ۞ الـثـريّـا اُلْكَـرْ ۞ ٥ السحاب بليط ۞ الضَباب طُمان ويقال چـاس وهـو لـغـة ۞ المطر يَمْغُرْ ويقال يَغْمُور وهو بالتركمانىّ ۞ الهواء يَلْ وهو العام ۞ الثلج قَـرْ ۞ البَرَد برچق a وهـو للحـمَّـص ويقـال طُلو وهـو بالتركمانىّ ۞ للجليد بُزْ ۞ البرد سَوُقْ ۞ للحرّ اِسِّي وهو الساخـن للحارّ ۞ البرق ياشن ويقال يُلْدِرم وهـو بالتركمانىّ ۞ الرعد ١٠ كُكْرمك b ۞ الصاعقة يُلْدِرم وهو الزجاج c ويقال الزجاج سِرچَا وهو بالتركمانىّ ۞ الغبار دُوز ۞ الساقى من الثلج وغيره تبي ۞ الزوبعة قصرقا ۞

الفصل الثانى فى الارض وما فيها من الاماكن

الارض يِر وهو المكان وهـو البقعة ۞ التراب تُبْرَقْ ۞ الرمل قُمْ ١٥ وهـو الموج وهو للحداجة وهو البردعة ۞ للحصباء قيرز ۞ للحجـر طـاش ۞ للجبل طاغ ۞ الصاخر قيـا ۞ السقيف اُجرم a ۞ الـوادى اُوْي ويقال قُل ۞ المغارة اِنْ ۞ للجرف يَرْ وهو الريف وهـو امرك لمن شئت بـأن يشقّ الشىء ۞ الصحراء يازِي ۞ الـطـريـق يـول ۞ المنزلة يُـرْت ۞ البريّة يابان ۞ السراب ٢٠

---

a) Cod. ohne Punkte.   b) Cod. دكرمك sic.   c) Cod. الرّجاج.

ساغم ⁕ البَرّ قُرُو وهو لِلحُمّى وهو اليابس وهو الناشف ⁕ الخان
كاروان سَرَاي وهو بالفارسيّة تفسيره دار القافلة ⁕ الدار سَراي
وهو بالفارسيّة ⁕ البيت أوِّ ⁕ الخائط دِيوار واصله بالفارسيّة
دِيوار ⁕ السطح طام استِي ⁕ السلّم اغلغاج ⁕ الـباب
⁕ قَـبُـو ويقال أَشِـكْ وهـو العتبة السـفوق ⁕ القفل اجقُمْ ويقال
كليت واصله بالفارسيّة كليد ⁕ المسقاية سَاكُو ⁕ الاصطبل
قُرغان ويـقال ازبَرْ ويقال آخُرْ وهـو بالفارسيّة وهو المعْلَف ⁕
الحمّام اِتِمي ضُوْ يعنى ماء حارّ ويقال آلِي صو يعنى ماء فاتر ⁕
الطاحون تَيرزْمَنْ ⁕ الجسر كُبْري ⁕ الكنيف ايوي يعنى بيت
١٠ الماء ويـقـال أورِيزْ يعنى محبّ الماء وهو بالفارسيّة ⁕ الـفرن
معروف ⁕ القبر سِنْ وهـو الصنم ويقال ايضا قُرغان ⁕ القلعة
قُرغان ويـقـال حصّار (sic) ماخوذ a مـن العربيّة وهـو الاشهـر ⁕
المدينة كرمان ويقال شهر وهـو بالفارسيّة وهو الاشهر ⁕ القرية
كَلت ويقال كُوي وهـو بالتركمانـى ⁕ الزاوية من البيت وغيره
١٥ بُرجاق ⁕ الكانون وُجاق ⁕ العقبة يَقُش ⁕ الحدرة اِينش ⁕
التل تَبّا ويقال ايُوك وهو بالتركمانـى وهو الوثر والحمل ⁕
الفصل الثالث فى المياه وما يلائمها

الماء صوْ ⁕ البـحـر تَنكِزْ ⁕ النهر ارِنْ c ويقال يرمق وهـو
بالتركمانـى ⁕ الغدير بولاق ويقال كُول ⁕ العين عين الماء كُزْ
٢٠ ويقال بيهار وهو بالتركمانـى ⁕ المخاضةd كاچي ويقال كاچوت

---

a) Cod. ماجـوز (sic).   b) Cod. يـدربيـهـا.   c) Cod. ازن.
d) Cod. المخاضة.

وهـو بالتركمانـى ۞ العميق قَرِن ۞ ضـد العميق صِي ويقال
سِقْ وهو بالتركمانـى ۞ السيل طاشقِن صو ۞ الماء العذبى
كِران صو ۞ الماء الجارى اقار صُو ۞ الساحل تنكز قُيي ۞
فصل من هـذا الفصل السمك بَـالِـقْ ۞ السرطـان يلكـاج ۞
الضفدع قربغا ۞ السُّلَحْفَى قبرچقلو بغا يعنى ضفدع ذات ٥
عـايبه a ۞ العَلَق سَلـوك ۞ السفينة كَمِي ويقال كرب وهـو
بالرومـى ۞ القِـلْـع يلكان ۞ المجذاف كرك ۞ الشيپنى
قتنرغا ۞

الفصل الرابع فى الاشجار والفواكه والنبات وما قارب ذلك
الشجرة اغاج وهـو للخشب والعصى مطلقا ۞ اصـل الشجرة ١٠
تِب ۞ الفرع بوتـاق ۞ الغصن والقضيب چيبـق ۞ الـورق
يبلدِرق ويقال يبرق وهو بالتركمانـى ۞ الـزهـر چچاك ۞
رؤس الاغصان بُرجَك وهـو الشُّرّابـة من الحرير وغيره ۞ الفاكهة
والثمر مطلقا يامِشْ ۞ ظلّ الشجرة وغيرها كلاى ويقال كلكا
وهـو بالتركمانـى ۞ التفـاح آلْمَا ۞ الكُمَّثْرَى كرتما ويقال ارمت ١٥
وهو بالتركمانـى ۞ الانجـاص والبرقوق والقراصيا كوكان ويقال الـو
وهو بالتركمانـى ماخوذ b من الفارسى ۞ المشمش صارو ارك وهو
بالتركمانـى ويقال زَرْد الـو وهـو بالتركمانـى ايضا ماخـوذ b من
الفارسـى ۞ السَّفَرْجَـل ايوا وهـو بالتركمانـى ۞ الرّمّان نار وهو
بالتركمانـى واصله بالفارسيّـة انـار ۞ العنب بُرلا ويقال يُزِم ۞ ٢٠

---

a) Sic (oder عابمه). Undeutlich. de Goeje schlägt mir vor

الغاشية. b) Cod. ماجوز.

العنقود من العنب وغيره سلقوم ۞ للخمر قرق ۞ التين
الجبير ۞ التمر قرما واصله بالفارسية خرما ۞ اللوز بيام
واصله بالفارسية بادام ۞ الجوز قُزْ ۞ الفستق والبندق وجميع
المكسرات چتلايك مشتق لذلك من صوت فقعه عند الكسر ۞

٥ الفستق شاه بلوط وهو بالفارسية معناه بلوط الملك ۞ البلّوط
امان ۞ للخمر اوساق ويقال قواق وهو بالتركمانى ۞ الصفصاف
طال ويقال سكوت وهو بالتركمانى ۞ الطُّرَفاء يلغون ۞ الخلنج
تين ۞ شجر الصنوبر شام اغاجي ۞ الغُبَيْراء يكدا ۞
الحَرجَة والشُّعَراء ارْمَان ۞

١٠ فصل من عذا الفصل في الخضراوات والمقاثى والحشيش وما قارب ذلك
انقَرْع واليقطايين قبق ۞ البطيخ قاون وهو بالتركمانى ۞
البطيخ الاخضر قربز ۞ الخيار الاستك ۞ قسم البطيخ
قرطش ۞ السلق سكلابه ۞ اللفت اربكا ۞ الفَجْل اچي
اربكا ويقال ترما ۞ الهندبا قطغان ۞ الجَزَر چمار ويقال

١٥ كاشمر وهو بالتركمانى ۞ البصل ياوا ويقال صوغان وهو
الاشهر ۞ الثوم سرمساق ۞ النوى من كلّ شيء چردك ۞
السرد كلاب وهو بالتركمانى ۞ النوفر الملكى طومغولق ۞
الحشيش اوط و[عو] النار وهو السدواء وهو للحياء ۞ المرعى
اطلاق ۞ المرعى الموحل سازو ۞ المرج چمان ۞ البستان

٢٠ معرف ويقال باغ وهو بالفارسية ۞ الجنة اجماق وهو بالتركمانى
والذ ذكرنا الجنة فلنذكر جهنم وفى طامو وهو بالتركمانى ۞

---

a) ? Cod. ohne Punkte.   b) ? Cod. قطلغان.

الشوك اليابس ۞ الشوك تِكَاناك ويقال تكان وهو بالتركمانىّ
النقليل ويشتم به قمقاق الرياح تدحرجه الذى المختلط
عقله a لخِفّة كالقمقاق يعنى باشلو قمقاق له فيقال العقل
وهو اللحلاح ۞ b ينجا القَصْبة وفى الفصّة ۞ يوشان الشيح
٥ العريس حشيشة يعنى اوطي كوياكو الزَّعْتَر ۞ كنكر الحَشَف
من النبات ۞ بالتركمانىّ وهو العرِس ليلة الباه فى وفعله لحرارته
۞ بتمك شىء كل

الفصل الخامس فى الزراعات والحبوب

الكِناف ۞ صَبان المحراث ۞ اكنجي الزارع ۞ اكِنْ الزرع
١٠ ۞ طرلا فيها الزرع لمستقبل المكروبة الارض ۞ بيندُرْق النير وهو
من ماخوذ بالتركمانىّ وهو خِرْمَن البيدر ۞ وَرَق المنجل
الذى اللـوح ۞ طرماوج الاصابع ذو انمذَرى ۞ الفارسيّة
ويقال اربًا الزرع عليها يجرّ التى العجلة ۞ كرك الغلّة به تذرّه c
وهو سامان ويقال صلام ويقال كوك التبـن . ۞ قنكلي
١٥ بُغْدي ويقال بُودي الحنطة ۞ ارلُغ البذار ۞ بالتركمانىّ
الدُّخْن ۞ طوطرغان الارز ۞ d برجَقْ الحِمّص ۞ اربًا الشعير
باقلا ۞ بالتركمانىّ وهو مرجماك العدس ۞ طاري
الفصل السادس فى الطيور وما يلائمها

مطلقا منها e وللجـارح ۞) قانت (الجناح ۞ قوش مطلقا الطير
٢٠ ۞ بالتركمانىّ وهو قَرْطل ويقال كجكن النـسـر ۞ طُعان

---

a) Undeutlich im Cod.   b) Cod. ينجا (zuvor القَصْبّة sic).
c) Cod. تذر.   d) Cod. برخف.   e) Cod. الخارج. — Das vorhergehende an unrechter Stelle. Vg. s. l., z. 14.

العقاب قَراقُش يعنى طير اسود ويقال طوشانجيل وهو بالتركمانّى

مشتق من صيد الارنب واكله له ٭ الصقر بلبان ٭ الشاهين

لاجين ٭ السنقر معروف ٭ الباشق اطماجا طُغان مشتق من

الخَطف لانّهم وقت الصيد a يحذذونه باليد على الصيد٭

٥ ٭ القُبيسة باي قُش ٭ انقُرْكِنَى طرْنَا ٭ الخُبارى طي ٭ الاوز

قاز ٭ البطّ اوردك وهو بالتركمانى ٭ الحمام كُوَرَّجِين ٭

اليمام اكايك ٭ العصفور چبچُوق ويقال سَرْجَا وهو

بالتركمانى ٭ الغراب قرغا ٭ الحذأة دكلوكج ٭ البوم

يبلاق b ٭ القطا قل قيرق يعنى ذنبه شعر ٭ السُمَّان

١٠ بلدرجين ٭ الزُّرزور صغرچق ٭ الصنونو قرلاغاج ٭ الوطواط

يرسَا وهو بالتركمانى ٭ النحل ارو ٭ الذباب جِبِنْ ويقال

سِڤَاك وهو بالتركمانى ٭ الناموس أياز ٭ الدجاج دَغُق

ويقال دَقُق وهو بالتركمانى ٭ الديك خروس وهو بالتركمانى

ماخوذ من الفارسيّة ٭ الريش يُكْ ٭ الجاح قانت ٭ الحَوْصَلة

١٥ تُرسَقى،c ٭ المنقار دُمشَق ٭ المخلب درغاق d ٭ البيض يمرتقا

ويقال يُمُردا وهو بالتركمانى ٭ الفرخ بدرْء e ويقال يوري f

وهو بالتركمانى ٭ العش يُوا ٭ السفخ طُورق ٭ القفص

جتان ٭ الشبكة اغ ٭ الجراد صرجقا ويقال جكركا وهو

بالتركمانى ٭ العَقْعَق صاغرغان ٭

---

a) Cod. الصمديّه.   b) Cod. ييلاق.   c) Cod. ترسو.   d) Sic!
Etwa درناق = طرنق؟   e) Sic! Etwa يُلَز (فار يالاز) oder يور
zu losen?   f) Cod. يورى.

الفصل السابع فى الوحش وما يتبعها

الـوحـوش مطلقا كيك ۞ الاسـد اسلان ۞ النمر قبلان ۞

الصبع سِرتلان ۞ الـذئـب بُرو ويقال قُرْط وهـو بـالتركمانىّ

وهـو الـدود ۞ ابن آوى چغال ۞ الثعلب تلكو ۞ الارنب

قيان ويقال طوشان وهو بالتركمانىّ ۞ مربض الارنب ياطُوق ۞ 5

طـلا a الـذئـب بلـجك ۞ الفهد بـرس ۞ الغزال الِكّ ويقـل

ايـوق وهو بالتركمانىّ ۞ الاربل صَغِنّ ۞ بقر انوحش صغر كيك ۞

حمار الـوحش قلان وهو الحمار ۞ كبش للجبل ايوق ۞ الكلب

ات ۞ الكلب الـزويرى كوبك اِتّ ۞ الكلب السَّلاقىّ طازي

اِتّ ۞ الكلبـة قنچيق ۞ جَرْو الكلب كجك ويقال اتُكّ 10

وهـو بالتركمانىّ ۞ ميلغة الكلب يلاق ۞ القطّ ماچى ويقال

چاتُك ۞ الفار سچقان ويقال سچان وهو بالتركمانىّ ۞ الخنزير

طنغوز ۞ الخَنـّوس چچقا ۞ اليربوع يَلْمان ۞ السنجاب

تين ۞ السمور صوصار ۞ العَرْسَـة كونان ۞ النِمْس صُوغِرْ

صوصار ۞ 15

الفصل الثامن فى الحشرات وما قاربها

للحيّبة يلان ۞ الثعبان اوران ۞ التنّين صَرْغان ۞ الـعـقـرب

بـوي ويقـال چيـان وهـو أم اربـعـة واربعين ۞ الـحـرذَنْون

والسحـليّـة b كلتا ۞ الورن كلاز c ۞ النمـل قمرسقا d ويقال

قرنجا وهـو بالتركمانىّ ۞ السوس كُبّا e ۞ البقّ والفساقس 20

---

a) Cod. ظلّ.   b) Cod. والسلحيية.   c) Cod. كلار.   d) Cod.

fügt hierzu قرنجا.   e) Obgleich die Wörterbücher كيا vor-

schreiben scheint mir كبا richtig mit ب statt و für كووه güwä.

تنددا ويقلل ايضا بشك بتي يعنى قمل المهد وهو بالتركمانى ۞
البرغوث برچا ويقل بُرا وهو بالتركمانى ۞ القمل بِتْ ۞
الحبيبان سِركَا ۞ الدود قرط ۞ القراد قصرتقا ويقال كُنَا وهو
بالتركمانى ۞

٥ الفصل التاسع فى الخيل واجناسها والوانها وما يلائمها
الفرس مطلقا أط ۞ الفحل ايغر ۞ الحصان العربى طازي
واصله بالفارسية يعنى عربى ۞ الحجر a قسرق ۞ الحجر
ارغوث با ۞ الحجره العشار قونلانچي قسرق ۞ الحجر
العاشر قصر قسرق ۞ الاكديش معروف ۞ المهر طاي ۞ المهر
١٠ التصغير قولُنْ وان صغرت قلت نُولِنچاق ۞ البغل قاطر
ويقال البِزْ وهو لغة ومنه اليرلو يعنى ذو بغل ۞ المهر ابن
سنة قولُنْ ۞ ابن سنتين طاي ۞ ابن ثلاثة قنان ۞ ابن
اربعة دُنان وايضا اربه ۞ اسم لمجموع للخيل فى المرعى وغيره
يُنت b ۞ الحمار اشك ويقال قلاغي أُزْن يعنى طويل الآذان ۞
١٥ الاتان تيشي اشك يعنى حمار انثى ۞ التجحش قُودُق ۞
للجحش ابن سنة سِپا ۞ جمع الحمير كُلوك وهو بالتركمانى ۞
مغرفة الفرس يال ۞ حافر الفرس وغيره تُيناق ۞ كفل الفرس
وغيره من ذوات الحافر صَغْري ۞ مقادم الفرس أُونك اياق لاري ۞
مؤخر رجليه تيم اياق لاري ۞

٢٠ فعل من عذا الفصل صهل الفرس اط كشندي ۞ الفرس
يصهل اط كشنار ۞ بال الفرس اط قشندي ۞ الفرس يبول

---

a) Cod. الحجره.   b) Sic! Lies يُنْت.

اط قشنور ۞ زيــل الــفــرس تـزك ۞ قـفـوا حتّى تـبـول للخيل

طـرنـك اطلار قشنصُنْ ۞ تـرغ الفَرّس اط اِغْتَدِي ۞ الفرس

يتمرّغ أَطْ اغنار وكذلك البغال وللحمير ۞

فصل من هذا! الفصل فى الوانها الاشهب بُوز ۞ الاخصـر تمره a

بوز يعنى اشهب حـديـدى ۞ الاشقر ال ۞ الكميت طورو b

الادم قَرَا ۞ الياغـز معروف ۞ الاصفر صارو ۞ الاصفر المُعَّصَم

* المخطوط بالسواد b الكَفَل قُلا ۞ الاغبر الرمادى أُيْ ۞ الجيال

مـعـروف ۞ السيس مـعـروف ۞ الابـلق الاجَا ۞ الابـيـص

القرطاسـى ابيص العَنَمَة وللجفون جَبَّر وهو بالتركمانىّ ۞ الاحر

المَـشْـروى آيْكِرّ ۞ المحتّل ساكُول ۞ العُفْر ياغِز ۞ الفرس 10

الرهـوان يُرْغا ۞ الفرس الطروق اشُكُون ۞ الربقة النى c نمسك

بها للخيل فى للجشار d اقرُق ۞

الفصل العاشر فى السلاح وعدد للخيل وللحرب

السيف قليج ۞ غلاف السيف وغيره قِنْ ۞ الرمح سُنْكُو ۞

السنان تمران ۞ الترس قلقان ۞ للجوشن يارِق ۞ الزرديّة 15

كُبّا ۞ للخوذة اشقْ ۞ القوس يا ۞ الـوتـر كرش ۞ النشاب

أُق ۞ الـدبّـوس جوقمار e ۞ الـدبّـوس f للخشب جُماق ۞

مجـمـوع ما يـشـتّ على الـوسط من السلاح بليك ۞ المهّماز

تيكيج مشتق من الرُفس ۞

---

a) Cod. تمو. b) Cod. بالسواد المخطوط. c) Cod. الـذى.

d) Cod. للحشار. e) Cod. خـوقمـار. f) Cod. الدبوس hinter

جماق.

فصل من هذا الفصل في عدد التخيل السرج أَيَرْ الركاب
أوزَاكُو الحزام قلان اللبب كملدرك الثَفَر قسقن
الفترى قُرُكو المِشَحَّة يُنَا ويقال نمازين واصله بالفارسيّة
نمد زين تفسيره لبّاد السرج اللجام أُيْكَان العنان
تِزْكَنْ المِقْوَد يولار ويقال نُقْطا المِبْجَرْ يُولارصَابي يعنى
نصاب المجرّة المِقْرَعَة قمچي الشِكَال كشان الخُوائذ
قِرغان المِحَسَّة قشاغُو مشتنق من الحَكّ

فصل من هذا الفصل في الحرب للحرب چَالِشْ المِعاقِ
صنجِيشْ مشتنق من المطاعنة الاغارة آتِنْ الكمين
بُصُو العسكر شَارِي ويقال سو ومنه سوبَاشِي يعنى رأس
العسكر

انفصل الحادى عشر في الجمال والبقر

الجمل تَوَا انناقة اينكان النياق العربيّة تِتِرْ الفصيل
كوشك الفحل ابو سنامين الذى يستفزُونه على النياق
العربيّة فتأتى منه بالبخاتى بغرا سنام للجمل أُرْكُجْ برك
للجمل توا چُكْتِي للجمل يبرك تَوَا چِكار حطام الجمل
برلدق

فصل من هذا الفصل في البقر البقر مطلقا صَيِرْ الثور اُكُزْ
العجل الشاب المرصد القفاز بُقَا البقرة اينَاك العجل
الصغير بُزَاغُو العجل ابن سنة طنا للجاموس صو صغري
يعنى بقر الماء قرن البقر وغيره بُينِزْ

الفصل الثانى عشر في الغنم والمعز

الغنم مطلقا قُوِينْ وهو غَبّ الانسان الكبش قُجقَار ويقال

قيچ وهو بالتركمانى ۞ النعاجة تِشِي قُوِين يعنى غنم انثى ۞

لِلحروف قزِرُو ۞ للحروف ابن سنة تُقْلِي ۞ ابن سنتين شيشك ۞

ابن ثلاثة أُوكَنج ۞ ابن أربعة a اوك * ومنهما بقى ذلك كان

اوكاة وهو بالتركمانى ۞ القطيع من الغنم سُرُو ۞ الصوف يُنْك ۞

الجَزَّة مـن الـصـوف بَيَاغُو ۞ البعر مَياق ويقال قَيغ وهــو 5

بالتركمانى ۞.

فصل مـن هـذا الـفـصـل فى المعز المَعْز مطلقا اچكِي ويقال

كــچـي ۞ التيس تَكَا وان صغُرت قلت تكاجوك ۞ العنز

تِشِي اچْكِي يعنى ماعز انثى ۞ لِلجدى أُغَلَقْ ۞ لِلجدى ابن

سنة چِبِيج ۞ للحلوب مـن الغـنـم والمعز صمغالي ويقال 10

صَاغليق ۞

الفصل الثالث عشر فى الاطعمة والماكول والمشروب والالبان

الطعام اش وهو قولك لمن اكل وشرب اش بُلْصُنْ يعنى يكون

صَحَّةَ وهـو ايضا امـرك لمن شئت بأن يسوق فـرسـه او دأبّته ۞

المَرقة مُوِيْنْ ويقال شُورَبَا وهو بالفارسِّية مشتق من التملِيجة ۞ 15

اللحم أَتْ ۞ اللحم المطبوخ بِشْمِشْ أَتْ ۞ القطعة من اللحم

كَسَكْ اتْ ۞ الشوى سُوكلنچي ۞ الشرائح سُوكَلْمِشْ c

أَتْ ۞ التَقْلِيَة قورما ۞ الدهن ياغ ۞ الأَلْيَّة قُيْرغْ ياغِي ۞

اللحم النَى چيكات ۞ للخبز اتمك ۞ القُرْص چُرَكْ ۞ اللقمة

---

a) Cod. أربع. b) Sic! Der Verfasser meint wohl dass die
Schaafe nach dem 4ten Jahre den Namen اوك behalten. c) Cod.
شوكلمش.

مـن الخبز ظُغرام ويقـال سُقُم ٭ العـسـل بـال ٭ الـدبـس
بُكمُش وهو بالتركمانى ٭ الرقاق يُبْقا اتمك ٭

فصـل من هـذا الفصـل فى المشروب انـاء قد تقـدّم ذكره ٭ الخمر
نُبِه وهو شىء من الطُغل الابيض يعاون به قماشهم فى البلاد ٭

٥ وللخمر ايضا سُنجُو وهـو الشىء للحلو مـن كـل شىء ٭ وللخمر
ايضا چاقِر وهو بالمغلى ٭ ولهم مشروب اخر يتّخذونه من العسل
المغلى وينبـذون فيـه شيـًّا مـن النبات يشبه رؤس القصب
يسمّونه قُملاى وهـذا اشـدّ سكرا مـن لخمر العنب ويخيرونـه
عليه ٭ ولهم شىء يتّخذونه مـن النخيل وغيرهـا يشبه المِزر

١٠ يسمّونه بُزَا ٭

فصل مـن هـذا الفصل فى الالبـان وما يصنع منهـا اللبن مطلقا
اورُن ٭ الرائب يَاغُرت ٭ المخيض ايران ٭ الحليب سُتْ ٭
الجبن چفت ويقال يُرومچِك ويقال بَنِيز وهو بالتركمانى وأصله
بالفارسيّة پنير ٭ الاقِط وهـو لجرتـان قُرُوت ولهم ايضا شىء

١٥ شديد السود ٭ يصنعونه من اللبن والمش ويوعونه فى الكروش
المغسولـة ويقطعونه بالسكّين وهو اشـدّ حمضا مـن حبّ رمّان
ويسمّونه قرا قُرُوت يعنى جـرتـان اسـود ٭ الزبد كرايَاغ ٭
السمن صايَاغ ٭ لجاجف طراق وهو بالتركمانى ٭

الفصل الرابع عشر فى اثاث البيت والفرش وما يختص
بالنساء من الملبوس وغيره
٢٠

البساط كُوز ويقال قالي وهو بالتركمانى ماخوذ من الفارسيّة ٭

---

a) Cod. بِزْ. b) Im Cod. stehen diese Worte hinter والمش
in umgekehrter Ordnung. c) Cod. الحب.

الطّراحـة تُـشَـك ۞ اللحاف يُـغـرغَـان ويقال يُـرْغان وهـو
بالتركمانىّ ۞ الـوسـادة والمخـدّة يـاستُقّ ۞ النطع سروك ۞
الكساء چكمان ويقال كِليم وهو بالتركمانى ماخوذ من الفارسيّنه ۞
اللباد كِـيـز ويقال كَچّا وهـو بالتركمـانـىّ ۞ الحصير يَكَان ۞
الخابيـة وهـو الزِبـر كُبّ وهـو بالتركمانىّ ۞ الكوز بَرْدق ۞ الوعاء ۵
قب ۞ المكْنَسَة سَبُرْكا ۞ دولاب القطن چَقْرق وهو بالتركمانىّ ۞
المغزل يِك ۞ الثقالة التى للمغزل اِغِرشق ۞

فصل من هذا الفصل فى آلة المطبخ القـدر النحاس والمرجـل
قزغان ويـقـال قزان ۞ القـدر الفخّار جملاك ۞ الزبـديّـة
چَنَاق ۞ المغرفة چَمْچَا ۞ مغرفة التطماج چاولي ۞ الملْعَقَة ۱۰
قاشوق ۞ الجمشا معروف وهى بالفارسيّة جامجه يعنى جـام
صغيره ۞ الهاون ومدقّ الفوم دوكچِ ۞ مدق القمح كَالي ۞
المنخل الاك ۞ اللـوح الـذى يمَدّ عـلـيـه التطماج سَمَتْ ۞
الشوبَك a الـذى يمَدّ بـه التطماج الطويـل كالعصا اقـلاغـو
الصاج لحديد معروف ۞ المنصب لحديد صاج اياغي يعنى ۱۵
رجل الصاج ۞ السيخ شيش ۞ لحطب اودن ۞ النار أوط ۞
الرماد كُلّ ۞ الـزناد چَقْمَقْ ۞ الصوفان قـاو ۞ الملح طُوز ۞
القفل بُرْچ ۞

فصل من هذا الفصل فى بعض ملبوس النساء وحليهنّ وهو لجهاز
المقنعة بُرنچك b ۞ السوار بلازوك c ۞ لخانم يُوزُوكْ ۞ فص ۲۰

a) Cod. السوبك. b) Cod. بـرتـچِـك (Die Vokalzeichen
sind von späterer Hand). c) Cod. يُلازوُل (sic).

3

لمحتم قاش ٭ لمخلف والاشناف كُبْا وبقال اصْرُغاق ٭ لحمره
التى تصنعها المرأة فى وجهها الُكليك ولم لحمرة النباتيّة وفى
لمحشيشة التى تطلع عندنا مع الرهاحين ونسمّيها اليمانية كِرْتي
اكليك يعنى لحمره، الصادقةﺓ الاسفيداج الـذى يدهن به
وجه وبين قبل لحمرة كَرشان ٭ الكحل سُرْمَا ٭ المكحلة
سُرْماليك ٭ نقابﺏ المرأة يشماق ٭ المرآة كوزوكو ٭ اللعبة
آبَاق ويـقـال قَبَرجُوق ٭ الـسِـراج جراق ٭ المنارة چراق
اياقي يعنى رجـل الـسِـراج ٭ المـهـد الـذى للطفل بشك ٭
العلك سَقِزْ ٭ المسك يپار ٭

١٠ الفصل الخامس عشر فى الملبوس وانواع القماش

العمامة شَرْبان واصله بالفارسيّة سربند يعنى ربـاط الـراس ٭
القبـا قَبْتان ٭ القميص كونلَاك ٭ السراويل كُونجاك ويقال
ايم ويقال اجطُن القماش الداخل ٭ التكّة بُولارستكى ٭ الرانت
ايشيم يعنى رقيق السراويـل ٭ القلنسوة والكوفيّـة كماش ٭

١٥ الكلوتـة بغرداق ٭ المنديـل دَشتازجَه وهـو بـالـفـارسيّـة
يعنى برسم مسـح الـيدين ويـقـال ياغلق ٭ *سَنْدى
كروكوستم يعنى أنْغَضَتْ عليكﺩ ٭ الـحـاروق مـن، القباء وغيره

---

a) Cod. لحمرة . b) Cod. نقالى . c) Cod. وبقال يساغـلـق .
يعنى — اليدين . d) Die vorhergehenden Worte stehen hier
völlig ausser dem Zusammenhang vermuthlich weil etwas ausgefallen ist. Das Wort سَنْدى (sic) soll doch wohl سبيندى
heissen und كوكوسم:كوكوستم; also buchstäblich: Meine Brust
ist zerbrochen, was sich übersetzen liesse mit انغضت على.

يَقَا ۞ الـكُـمّ يِنْكَ ۞ الـذيـل اتِك ۞ الجيب كُرنجُوك ۞

الزّر تُكْما وهو الرجل العيّار ۞ العروة ايلكاك ويقال آيِلِكَ وهو

بالتركمانىّ ۞ للحياصـة قُوشَقْ ويقال قُرْ ويقال بيل [a] باغي

يـعـنـى ربـاط للخصـر ۞ للخريطة يُنْجُوق ۞ للحق اتُوك ۞

اللفائف تُرلاى ۞ السرموجه بَشْماق ويقال ازْلِكْ ۞

___

فصل من هذا الـفـصـل فى انـواع للخرق والقماش الاطلس چُزْ ۞

الـصندلـت يُبْقاجُرَه يعنى اطلس رقيق ۞ النسيج وامثالـه

طُرْغا ۞ العتّابى معروف ۞ الشقّة وللخرقة چُبَّرك ۞ للحرير

يِپِكْ [c] ۞ الكتّان كِنْدُرِ ۞ القطن مَامِقْ ويقال بنبوق وهو

بالتركمانىّ ۞ وجه الملبوس يُزْليِكْ ۞ البطانة اچْليِكْ ۞ اسم

للخرق والقماش ايضا بُزْ ويقال بِيزْ وهـو بالتركمانىّ وهـو الشِقَّا

والـدِرَفْش ۞ القَرْوَة كُرُك وهـو الخسن وللجمال ويقـال طُون وهو

اسم لمجموع الملبوس ۞

الفصل السادس عشر فى هيئة الانسان وفى اعضائه الظاهرة

والمعاء الباطنة وما معها

الانسان كِشِي ۞ العقل أُصْ ۞ للخلق قِلِقْ ۞ النفس أُدو ۞

القدّ والقامـة بُويِي ۞ سحنة الـوجـه على اىّ صفة كانـت

مَكِزْ ۞ الرأس باش وهـو للجرح وهـو الـدمّـل ۞ مقدم الرأس

تَبَا ۞ مـؤخـر الـرأس انكسا ۞ الشعر صاچ وهـو امرك لمن

شِئْت بـأن يـرشّ الماء او يـنثر الـشىء ۞ الصغيرة طُلُمْ ۞

___

a) Cod. يَبَلْ. b) Cod. ينغاجز. Das ز ist مفخم. c) Cod.
يبكى.

الورد وهو الصدغ تَـلِـنْ ۞ الانن قُـلاغ ۞ الجبهة الـن ۞
الحاجب قاش وهو دَص للحاجب وهو قُنْد للجبل المتدّه a طولا لا
ارتفاع a العين كُـزْ ۞ للجفن كرفيق b ۞ الهدب كَرِيك c ۞
للحدقة قرع ۞ الانف بُرْنْ ۞ الفم أكِنْ d ۞ الشفة e ارِنْ

5 وهو القبيح ويقال للشفة ايضا دودَقْ وهو بالتركمانى ۞ سقف
للحلف طماق ۞ السـنّ تِشْ ۞ الاسنان تِشْلارْ ۞ الضرس
ازغ f ۞ للحد يكَاق ۞ الغبغبة سَعَقْ g ۞ اللحية سَقَلْ ۞
الشارب بيق h ۞ مجموع الوجه يُزْ ۞ للحلقوم بُغَازْ ۞ العنق
بُـيْـنْ ۞ الكتف اين ويقال أكِـنْ وهو بالتركمانى ۞ رأس

10 الكتف أُمُوزْ ۞ لوح الكتف يعران i ۞ الابط قُلْتُقْ ۞ الابط
قُل k ۞ المرفق چيقانـاتْ ويقال تِرْسك وهو بـالتركمانى ۞
السـاعد بلاك ويقال قَري وهو ذراع القماش وهـو الشيبْج ۞
الكف المفتوح آيَا ۞ الكف المطبوق يُورمَقْ وهو اللكم ۞
الاصبع بَرمَق ۞ الاصابع بَرْمَقلار ۞ الابـهـام اُلُو برمَق ۞

15 الشبّابة سُقْ بـرمـق ۞ الـوسطى أُرْتَا بَرْمَقْ ۞ البـنـصـر
ادسيز بَرْمَقْ ۞ للخنصر چيچيلاق ۞ الظفر تِرْنَقْ ۞ الاظافر
تِرْنَقلارْ ۞ عـقـد الاصابع بُوغِنْ ۞ مجموع اليد اِيلْ وهو
الاقليم وهـو انسْلَم l عند للعرب ۞ الباع قُلاچ ۞ الشبر قَرِشْ
وهو دعاء النسوء ۞ الصدر دُوس ۞ الثدى امجك ۞ البطن

a) Cod. الممنده. b) Cod. كَرقيفى. Vg. Index. c) Cod.
كريك. d) Sio! e) Cod. الشفّة. f) زاء مفخم. g) Cod. سفق.
h) Cod. يَبِقْ. i) Cod. تَعْران. k) لام مفخم. l) Cod. السُلَم.

قَرَن ۞ الظهر ارقا وهو المساعدة ويقال يوجا وهو المرتفع العالى
من كلّ شىء ۞ الجنب يَانْ ۞ الصلع آياك ۞ السُرّة كُنْدِك
ويقال كُوبَك وهو بالتركمانى ۞ فرج الرجـل سِكْ وهو امرك
بالفعل بـه ۞ الانثيان طَشَاق ۞ فرج المرأة اَمْ وان صغرت
قـلـت اَمْجُـقْ ۞ البظر تِلاق ۞ الاست كِتْ ۞ الحُضْـن ٥
تـوشـاق ۞ الفخذ بُطْ ۞ الركبة تِزْ ۞ الساق بَـلْـطَـر ۞
مقدّم الساق يُنچِرك ۞ العرقوب اشغق ۞ الكعب طَبُقْ ۞
العقب اكجا ۞ الاصابع قد تقدّم ذكرها ۞ القدم طَبان ۞
مجموع الـرجـل اياق ۞ الخطوة ادِمْ وعـذه الـدال مشمومة
بـالـطـاء ۞

فصل من هـذا الفصل فى المعاء وما هو داخل البدن مخّ الدماغ
بَين ۞ الـدمـع ياش وهـو العمر وهـو كـلّ شـىء رطـب ۞
المُخاط سَمُوك ۞ الـريق يَرْ وهو للحرف ۞ الكبد بَاغِرْ ۞
الرية ايكا ويقال ايكان وهو بالتركمانى ۞ القلب المَحسوس
يُورك ۞ القلب غير المحسوس والفؤاد كُوكُولْ ۞ الخـاطـر اوك ١٥
وكاف عذه اللفظة كـقـاف a العرب المنقوطة b المُصّران
بَغِرْسَاق ۞ الكَرْش قرنْ ۞ الكُلْيَة بُكرك ۞ الطاحال طلاق ۞
المرارة اُوتْ ۞ الـدم قان ۞ العرق طَمار ۞ العصب سِكِرْ ۞
العظم سُوكوك ۞ العَـذِرة بُقْ ويقال اُرْق وهو لغة ۞ البول
سيدِك ۞ العَرق تَرْ ۞ الجثّة كودا ۞ الرمّة كُوكراك ۞ ٢٠

a) Cod. كِفاف.   b) Cod. المعقوده.

الفصل السابع عشر في الاعداد وللحساب

العدد صناميق ۞ للحساب صَاغِش ۞ واحد بِيزْ ۞ الثنين يكي ۞ ثلثة أُوج ۞ وهو امرك لمن شئت بـأن يـعـطـى وهو المخاطرة على ما يختلف فيه والمراهنة عليه ۞ اربعة دُورت ۞ وهـو امرك لمن شئت بأن يذكر غيره باطراف الاصابع ۞ خمسة بِيشْ ۞ ستة آلْتِي ۞ سبعة يَتِي ۞ ثمانية سَكِزْ ۞ تسعة طُقُزْ ۞ عشرة أُنْ ۞ وهـو الـدقيق المطحون وهـو الصوت وهـو اللحـنْ ۞ ثم تقدّم العشرة على الاحاد الى ان تصل[a] الى عشرين وفي يكِرْمِي ۞ ثم تقدّم العشرات على الاحاد الى ان تصل[a] الى

١٠ ثلثين وفي أُطُزْ ۞ ثم تقدّم العشرات على الاحاد الى ان تصل[a] الى اربعين وفي قِرْق ۞ ثـم تقدّم العشرات على الاحـاد الى ان تصل[a] الى خمسين وفي آلِي ۞ ثم تقدّم العشرات على الاحاد الى ان تصل الى ستين وفي الطِمِشْ ۞ ثـم تقدّم العشرات على الاحـاد الى ان تـصـل الى سبعين وهـى يَتْمِشْ ۞ ثم تقدّم

١٥ العشرات على الاحـاد الى ان تـصـل الى ثمانين وفي سَكْسَنْ ۞ ثم تـقـدّم العشرات على الاحـاد الى ان تـصـل الى تسعين وفي طُقْسَنْ ۞ ثم تقدّم العشرات على الاحاد الى ان تصل الى مائة وفي يُزْ ۞ ثـم بعد ذلك تقدّم الاحـاد على المئين[b] الى ان تـصـل الى الـف وفي مِينْ ثم تقدم الاحـاد على الالوف الى ان

٢٠ تصل الى الـعشرة الاف ثم العشرات على الآلاف ثم المئين على الآلاف ثم الالاف على الالاف ولم يكن عندهُم كسور غير النصف

---

a) Cod. يصل.   b) Cod. المئتين.

والربع فاما النصف فهو بُچُق واما الربع مَنَاص وهو غير معروف
بينهم الآن، بل هو لغة يعرفونها فى البلاد ۞

الفصل الثامن عشر فى مراتب الناس وارباب الصنائع وعدد
كل صنعة

الخليفة يُكْنِجِي يعنى المصلى بالناس ۞ السلطان مـعـروف ۞
الامير بَيْ ۞ الفقيه دَانِشْمَنْد وهو بـالتركمانىّ ماخـوذ مـن
الفارسيّة ۞ الكاتب بِتِكْجِي ۞ الكتاب بتك ۞ القصّة اُتُكْ
وهو شرح لـحال ۞ القلم اُشُك ۞ الدواة دَويتْ ويقال اوغَسْ
وهـو لغة ۞ الورق كَاغِتْ واصله بالفارسيّة كاغد ۞ الطبيب
أُوطَاچِي ۞ الدواء اوط ۞ العَقَّار يم a ۞ الفاصد قان آلْچِي
يعنى آخذ الـدم ۞ الخيّـاط تِكْجِي ۞ المقصّ قبطى ويقال
دَچْقُمْ b ويقال سِنْدُو وهو بالتركمانىّ ۞ الابرة بِيِنَا ويقال يِكْنا
وهـو بالتركمانىّ ۞ الذراع قَـرِي ويقال آرْشِنْ ۞ الكُسْتُبان
ايمُقْ ويقال يِكْسُوك ۞ الخيط يِبْليك ۞ النجّار يَنْغُوچِي
القادوم كرْكِي ۞ المنشـار بِـچْـقُـو ۞ المِثْقَب اِرْشُك ويقال
اُشْكو ۞ المنقار اتركُو ويقال اي وهـو بالتركمانىّ ۞ الفارة وهى
الرَّنْدَج التى يَمسح بها للخشب قَاوُشْ ۞ القُرْمَة التى يناجر عليها
لخشب دِرْدَك ۞ النّحـاتـة التى تنقع من الخشب يَنْغُمْ
المِسَنّ بِلاوُو ۞ الغَرا يِلِمْ ۞ الحـدّاد تِمِرجي ۞ الحـديد
تَمُرْ ۞ المِخْرَقة جاكوچ ۞ المِـبْـرَد يكا ۞ الفحم كَمُرْ ۞
النحّاس بقرشي ۞ النُحَاس بَقِرْ ۞ الخبّاز اتمكچي ۞ الجزّار

اتا چي ۞ البيّاع ساطچي ۞ الميزان ترازو ۞ التاجر بازِرْكان
وهو بالتركمانئ ماخوذ من الفارسيّة ۞ الرئّاس اُوكازچي ۞
للحتك طُقرچي مشتق من النسج ودقّ المشط ويقال جولاه
وهو بالتركمانئ ماخوذ من الفارسيّة ۞ البوّاب قابوچي ۞
۞ الزارع اكنچي ۞ النوتئ كيمِجي ۞ الصائغ كيشچي ويقال
قيومچي وهو بالتركمنئ ۞ الصبّاغ بُويَاچي ۞ الصبغ بُويَا
وهو الغَوَّا ۞ انغوّاس ياچي ۞ القوس يا ۞ النشّابى اُنْچي
والرامى بالنشاب مثله ۞ الرمّاح سنكوچي ۞ الرمح سُنْكُو ۞
الحُوشنئ يارئ چي ۞ الحوشن يارق ۞ المغنى ارلايجي،۞
١٠ المخف قمرُو ۞ المشبّب دُودَكچي ۞ الشبّابة دُودَكْ ۞ شبّابة
الترك سيبزغُو والمشبّب بها سيبزغوجي ۞ الربابئ يَقلچي ۞
انرباب يَقْلِق ۞ القُبز معروف والذى يضرب به قُبْزچي ۞
البنّد، يَابْچي ۞ الطين بالِچق ۞ انطوب كُرْبُنج ۞ الكلّس
كراچ وهذه اللغتان فى چي بانّ اسم لِلحقت به من اخره
١٥ كنت اسما لصانع ذلك الشىء۞

الفصل التاسع عشر فى صفات الناس

الرجـل أزْ ۞ الـذكر اركاك۞ الانثى تِيشي ۞ الشيخ اَيشِقا
ويقال قُجـا وهو السيّد واصله بالفارسيّة خـواجـه ۞ الشيخ
الهرم قرط ويطلق فى حقّ الفرس ۞ الكهل قرغل ۞ الشاب
٢٠ يَنِت ويقال يكِت ۞ الصبئ اولان ويقال اُغْلان ۞ الطفل
كيم اُغْلان ۞ الرضيع آغُزه اُغْلان البنت قِز وهو الشىء

الـغـالى ۞ البكر قِـزْ أُغْـلان ۞ المرأة ابِچي ۞ الارمـلـة طُل
ابِچي ۞ للحامل أي لُو ويقال يَكلُوa يعنى ذات حمل ويقال
للمرأة ايضا اورت وهو بالتركمانىّ ماخوذ من العربىّ يعنى عورة ۞
العرب من الرجـال اركان ۞ المتأهّـل ايلو يعنى ذوة بيت ۞
المجرّد قازاق ۞ العارى من الاهل وغيرهم بـاش دَاقْ يعنى
برأسه ۞ الرسول ايلچي مشتقّ من السعى فى الصلح ۞ دليل
الطريق قُلاغوز ۞ المتفنّن النبيه طِغُرَاقْ ۞ النجيب أُودَنْ ۞
العيّار تكما ۞ اللصّ أُغْرِي ۞

الفصل العشرون فى اسم كل شىء وضده

للجيّد ايكي ويقال كَيْ ۞ الردى يَمَان ويقال يوز ۞ للحسن
يَقْشِي ۞ الـوحـش چِرْكِـنْ ۞ الـهـيّـن كَعَازْ ۞ الصعب
صَـرْب ۞ القريب يَـوُق ويقال يَاقِـنْ ۞ البعيد يِـرَاق ۞
الكثير كُبْ ويقال اكُشْ ويقال تالم وهـو بالتركمانـىّ ويقال يُول
وهو بالتركمانىّ ايضا ۞ القليل أَزْ وان صغرت قلت ازاجق ۞
الطويـل أُزون ۞ القصير قِصْقَا ويقال قِصَا وان صغّرت قلت
قِصْقَاجُقْ ۞ العريض ياصِي ۞ ضدّ العريض ياصيسز يعنى
بـلا عـرض ۞ العالى يُكْساك ويقال يُوجَا ۞ المستفل اشَغْ ۞
الملتحى من الرجال صَقَلُّو يعنى ذو لحية ۞ الامرد صَقَلِّسيِزْ
يعنى بـلا لحية ۞ الكَوْسَـج السناط كُوسَا ۞ كتّ اللحية
وعرضها قَبَا صَقَلُّو ۞ العاقل أُصْلُو ۞ ضدّ العاقل أُصسِيز يعنى
بـلا عـقـل ۞ المجنون تالي ۞ المعربـد ذو الشرّ چالق ۞

___

a) Cod. يَكِىلُو. b) Statt ذا. c) مفخم ز.

صـد الـجـالـق يـوّاش وينطلق فى حق الفرس ٯ العالم ذو

الفضيلة ازدملـو ٯ الجاهل بُليڭ ٯ الكريم آقي ويقال جُوامَرد

دهـو بالـتـركـمـانى ماخوذ من الفارسيّة ٯ البخيل چُغمار ٯ

الـشـجـاع آلب ٯ الجبان الغ ٯ الحىّ تري ٯ الميّت الُو ٯ

٥ الشبعان طُق ٯ الجائع آچ ٯ المولـود تـوأما ٜيكِز وهو وقت

العمر ٯ المولـود مفردا يالـقِزه ٯ المريض سُكال ٯ المتعافى

صاغ وهـو الصحيـح ٯ السالم آسَن ٯ القوى كُنجْلُو ٯ

الضعيف كُنج سِيز يعنى بـلا قـوّة ٯ البصير كُزْلو ٯ الاعمى

كِزسِيز ويقال تَوْلَك ٯ الاعـور برِكِزْلُو يعنى بعين واحدة ٯ

١٠ النشيط چالِت ٯ الكسلان ارماوو ويقال كَهَل وهو بالتركمانى

ماخوذ من الفارسيّة ٯ الـذكى تـاتِك ٯ الابلم ابرُو وهـو

بالتركمانى ٯ الصديـق ايماق ويقال دوست وهـو بالفارسيّة ٯ

العدوّ ياغى ٯ الغنى بَاي ٯ الفقير يُقسول ويقال چغاي ٯ

المثرى ذو الجـدة بارلُو ٯ المعدم الصعلوك يُقلُـو ٯ الفارس

١٥ اطلُوء ٯ الـراجـل يـايـاغ ٯ السكران آشـروك ٯ الصاحى

آيِق ٯ النائم ياطر ٯ المستيقظ ايانِق ٯ النور ايدِين ٯ

الظلمة قراغـو ٯ الجليل اُهاكاندجي ٯ الفقير طلاز ٯ الناعم

مـن كـلّ شـىء يُمشق وهـو الرخو ٯ الخشن اري ٯ فوق

يُرقاري ٯ اسفل اشـفا ٯ قدّام يُلكاري ٯ خلف كـرو ٯ

٢٠ قبل بُرن ٯ بعد صُغرا ٯ على اُسْتَن ويقال اُوزرا ٯ تحت

الطِين ٯ الحركة قَمرش ٯ المقام ارو ٯ الرطب ياش وهو

---

a) Cod. يالقى. b) Cod. المعلم. c) Cod. اط.

العمرة ۞ البابس قُرو وهو لحُمّى وهو البرّ ۞ الصحيح من الآفة a

وامثالها بُثُنْ ۞ المكسور سِنُقْ ۞ الغالى قِزو ۞ الرخيص أُجُزْ ۞

الغلاء قِزْليقى ۞ الرخص اجُزْليقى ۞ المبارك تُتْلُو ۞ المشوم

قُت سِيزْ b ۞ الصدق كرتي ۞ الكذب اتُرُوك ويقال يَلَانْ ۞

ويقال الصدق ايضا چِنْ والكذب اُروك وهى لغة لا يعرفها ٥

احد ۞ المستقيم طُغرو c ۞ المعوّج اكري ۞ لحادّ القاطع

مثل السيف وغيره [يتي] d ۞ الكهام غير القاطع جُنْكا ۞

حادّ الراس كالسارء وما شاكله .... f ۞ لحلو

سُنجو وهو لخمر من العنب ۞ ويقال لحلو طَاطُلُو يعنى ذو

طعم ۞ الطعم من كل شىء طاطا ۞ المرّ اچي ويقال قِرق ١٠

وهو لغة ويقال اغُسو وهو السمّ تشبيها به لفرط المرارة g ۞

لحامض اكشي وهو بالتركمانى ۞ البارد سَوُق ۞ لحارّ الساخن

اسِّي ۞ الغليظ يُغُنْ ۞ الرقيق ضدّ الغليظ ينجا ۞

الراحة طلمق h ۞ التعب ارَمَقْ ۞ الصبر ارِكْمك ۞ العامر

شَانْ ۞ لخراب بِقُقْ ۞ الواسع كِينْك ۞ الضبق طَارْ ١٥

الثقيل اَغِرْ ۞ لخفيف يُغُول ويقال يَايْني ۞ الملآن طُلُو ۞

الفارغ بُوش وهو لخالى وهو الطلاق ۞ النظيف آرُو ۞ الوسخ

كِرْ وهو امرك لمن شئت بأن يدخل ۞ السمين سَمِزْ ۞ الهزيل

اَرْق ۞ لجاف قَلسن ء ۞ وهو مهر الزوجة ۞ الرقيق يُبْقَا ۞

---

a) Cod. الأفيه . b) Cod. الميشوم قت شيز . c) Cod. طغروا .
d) Cod. Cum. 133, 134 jiti. e) Sic! f) Keine Lacune
angezeigt. g) Cod. المرأة . h) Cod. طلمنف . i) ل مفكم .

الشديد مثل المعجون وغيره تَتِي ۞ الرخو يُمْشَقْ وهو الناعم
ويقال صَرِيقْ وهو بالتركمانـى ۞ الربع اصغ ۞ للخسارة قَـرْ
وهـو لغذ والمعروف زيان وهـو بالتركمانـى ماخوذ من الفارسيّة ۞
الزائد أَرْتِقْ ۞ الناقص اكسُوك ۞

الفصل للحادى والعشرون فى اوقت الدهر والزمان

۞ .... a ۞ كَرُم ۞ العام يِلْ وهو الهواء ۞ هـذا العام
بو يِلْ ۞ العام الماضى بِلْطِزْ ۞ ماضى الماضى ايلِشِين يِل ۞
العام الآتى كلكان يل ۞ آتى الآتى كلداجى يِل ۞ الشهر
اي ۞ هـذا الشهر بو اي ۞ الشهر الماضى كَجُكـان اي ۞
الشير الآتى كلكان اي ۞ آتى الآتى كلداجى اي ۞ اليوم كُنْ
وهو الشمس ۞ هـذا اليوم بُو كُنْ ۞ امس تُنْ كُنْ ۞ اوّل
امس اسراكو كُنْ ۞ الغدا يارِن ۞ بعد الغد يرسِى كُنْ ۞
بعد بعد الغد كلداجى كُنْ ۞ وقت السحر طَين ۞ بكرة
إرْتَا وينطلق على الغد ايضا ۞ الضحى تُشْلق مشتق من
رواح الطير فى طلب المـرعـى ۞ الظهر دُش ويـقـال ايلان ۞
العصر يِكِزْ ويقال يِكِنْدُو وهـو بالتركمانـى ۞ المغرب آقْشام ۞
عشاء الاخر ياطِسُنْ مشتق من الـرقد ۞ نحف الليل تُنْ
بُجُقـِي ۞ الآن امْدِي ۞ هـذه الساعـة بُو شَان ۞ الليل
تُنْ ۞ النهار كُنْدُزْ ۞ هـذه الليل بُو كَيجَا ۞ البارحة
تُن كَيجَا ۞ الليلة الآتية كلكان كيجا ۞

---

a) Keine Lacune angezeigt. Vielleicht sind die Wörter:
الدهر والزمان (vg. die Ueberschrift) zu wiederholen.

الفصل الثانى والعشرون فى تفسير الاسماء التركيّة من المماليك

وللجوارى a وغيرهم

بَيْبَرْس امير فهد ۞ قُطلُوبرس فـهـد مبارك ۞ طَيْبَرْس مهـر
فـهـد ۞ قُلْبرس مملوك فـهـد ۞ اَيْ برس قـمـر فـهـد ۞
الطيبَرْس ستّة فهود ۞ لاجينْ شاهين ۞ طُوغان جارح ۞ 5
سُنْقُرْ مـعـروف ۞ قرا سنقُرْ سـنـقـر اسـود ۞ اَقْسُنْقُرْ سنقر
ابيض ۞ اقوش طير ابيض ۞ قراقوش طير اسود ۞ الاقوش
طير ابلق ۞ بُزْغُشْ والصحيح بزغوش طير اشهب ۞ البكي
امـيـر الاقليم ۞ اللذي b اخـذ الـبـلـد ۞ كيكلدي جاء
جيّدا ۞ ايدُغْدِي بـزغ القمر يعنى ولـد قمر ۞ اَيْدُغْمُشْ 10
مثله ۞ كُنْدغـدى بـزغـت الـشمس يعنى ولـدت الشمس
كُنْدُغْمِش مثله ۞ ايَدَمُرْ قمر حديد ۞ قُشْ تَمُرْ طير
حديد ۞ اسـنْدَمُر حديد سالم ۞ بَكْتَمُر امير حديد او
حديـد قـوى وهـو لغة ۞ خُطلبا والصحيح قتلوبا c امير
مبارك وهـو لغة ۞ اَيْبَا قمر امير ۞ كوجبا امير القفل او امير 15
قـوى وهو لغة ۞ اقجيّا d كالابيص ۞ سُنْقُرجـا كالسنقر
اَبْيِك امير قمر او قمر قـوى وهو لغة ۞ قُتلوبك امير مبارك
ايـدكين امير قمر وهو لغة ۞ اَقْطاي مهر ابيض ۞ قراطاى
مهر اسود ۞ مُغلْطاى مهر تاتارى ۞ طُقطاي مهر شبعان ۞
قليج سيف ۞ سُنْكو رمـح ۞ سَنْجَـرْ يطـعـن ۞ قماري 20

---

a) Cod. hier und unten الجوار. b) Cod. اللذى. c) Cod.
قَتْلُوب. d) Sic! statt اقجا. Im Cod. folgt امير
كالابيص.

رجـل رملـى۞ تُركرِي رجل تركى۞ رُومَرِي رجـل رومـى۞

شرلرِي رجل شرقى۞ اغـاجِرى رجل الشعراء۞ اوجرِي رجل

الُعْرُف۞ بِكجرِي عسكر قوق او امـير عسكر وهو لغـة۞

ارسـلان رجـل اسد۞ يلـمان يربوع۞ سَطِلُمِش مبيوع۞

٥ سَطُماز ما يبيع۞ البَضتِي كبس الاقليم او كـبس البلد۞

قاتِي يـالُّو ذو قوس قوق۞ طُلنُقوش طير السـحر۞ آسَنُباي

امير سـالـم۞ تمر خـان ملك حـديـد۞ تمُرتـاش حجـر

حـديد۞ الطُونتـاش حجـر ذهب۞ بكتاش حجر امير او

حجـر قـوق۞ سُوبـاشِي رأس العسكر۞ سَلار مقَدم ومنه

١٠ سبهسلار يعنى مقدم للجند وهو بالفارسيَّة۞

فصل من هـذا الفصل فى اسماء للجوارى الطُن ذهب۞ كُمِش

فَتنة۞ يُنلُجُر لولو۞ اقبلا فرخ أَبيض۞ آيُبَلا فرخ قمر۞

يواش عـاقلة۞ كِيتَجوكِتـاه صُغيرة۞ كلجِيِجِاك ورد وزهر۞

آسن سـالمة۞ ماجهان والصحيح ماه جهان يعنى قـمر

١٥ الدنيا وهو بالفارسى۞ مَهَلتِي والصحيح ماه التى قمر وست

النصف بالفارسيَّة والنصف بالتركى تفصيله قمر بالفارسيَّة ماه

ست بالتركى التي۞ بَنَفشا بَنَفسِج۞ كُهار جـوهـر۞

ايكِينا قُمَـير۞ ايسلي قمر نظيف۞ ايساوو كالمبارك۞

كـوتبهار ربيع جديد۞ كُلبَهار زهر الربيع وكلاهما بالفارسيَّة۞

٢٠ كُلنار جُلنار يعنى زهر الرمـان۞ مُـرزُوارِي واصلـه مرواريد

يعنى لولو وهو بالفارسيَّة۞

---

a) Cod. قَبُلا. b) Cod. كـمـتجركـبا.

الفصل الثالث والعشرون فى الالوان

الابيض اق ۞ الاسود قرا ۞ الاحمر قزل ۞ الاصفر صارو ۞
الازرق كُلك ۞ الاخـضـر ياشـِـلْ ۞ الخـمري معـروف وهـو
بالتركمانّى ولـهم تـوكيـدات فى وصف حسن اللون والتغـالى فى
ذكـره كما فى العربـىّ وهـو ابيض يقف اباق ۞ اسود حالك ٥
قَبْ قَرا ۞ احمر قانّى a قب قِزِلْ ۞ اصفر فاقع ضَبْ صارو ۞
وتوكيد b وصف الازرق كُـزْ كُوك ۞ وتـوكـيـد وصف الاخضر
يـام ياشـِـلْ ۞ الصبغ بُـويَـا وهـو الـفـوّة ۞ لون ساكـنة وجـه
الانسان على اى صفة كانت مَكِزْ ويقال بانكزء c وهو بالتركمانّى
الاسمر قرا ياغِـزْ d ۞ الاصهب قُـنْـغُـرْ ۞ ١٠

الفصل الرابع والعشرون فى المعادن

المعدن كان وهو بالفارسيّة ۞ الذهب الـتُون ۞ الفضّة كُمِش ۞
النحاس باقِرْ ۞ لحديد تَـمِرْ ويقال دَمُرْ ۞ الرصاص قُرْغَاشُنْ
ويقال قُـرْشُنْ وهـو بالتركمانّى ۞ الزببق كونـاي صُو ويقـال
جِوَا ۞ الـفـولاد قُـرِج ۞ المولسو ينڡجو ويـقـال طَـنَا واصـلـه ١٥
بالفارسيّة دانه وهو لحبّة ۞

الفصل الخامس والعشرون فى الاقارب والاجانب والمعارف
والمالك e والمملوك والستّ والجارية

الاب اطا ۞ الام آنَا ۞ العمّ أَجْـقِي ويقال اطا ترندشي ۞
العمّة چيچـا ۞ لخال طاي ويقال تيفَا وهـو لغة ۞ لخـالـة ٢٠

a) Cod. ڧاڧى. b) Im Cod. folgt الاشقر من الناس. c) Cod.
والملابـس und S. ٣٢, 14. d) Cod. ياغـر. e) Cod. hier يانكز
المـمـالـيـك.

الاخت ۞ قرنداش قز الاخت ۞ قرنداش الاخ ۞ ازا طاي
الولد ۞ ايروداش ويقال اپجي الزوجة اكاجي النكبرى
وانعريس الصهر ۞ كـالـين العروس قزه البنت ۞ اغـلـ
للحمو ۞ يقزه الضرة ينكا الكنة ۞ يرزنا ويقال كوياكو
اللغرابة قرنداشلار الاحماء اولاد ۞ انا قـين للحماة ۞ اطا قـين ۞
الزوج ابن ۞ اغلان اكاي الزوجة ابن ۞ يوق اللغرابة
كوكردداش ۞ الرضاعة من الاخ ۞ اكسوس اليتيم ۞ مثله
وهو پاجنتاق الزوجة اخت زوج وهو المؤدب وهو التعليم
الغريب ۞ بلش المعرفة ۞ قناي الضيف ۞ بالتركمانى
ماخوذ وهو دوست ويقال ايماق الصديق ۞ ياط الاجنبى ١٠
يولداش الرفيق ۞ ارتاق الشريك ۞ الفارسيّة من
حق فى ويختلف اكر الانف ۞ اغلدداش ويقال قنشي اللجار
طاساق ويقال طققون الاسير ۞ ايتنا اللحيل

فعل من هذا الفصل فى المالك والمملوك والست واللجارية
الغلام ۞ قل المملوك ۞ خواجه بالفارسيّة واصله قجا السيد ١٥
التي ويقال قاتون الست ۞ شاكرد بالفارسيّة واصله شاكرد
تـوكا ويقال قراباش وبقل قراواش ويقال قرناق اللجارية
اكش انتربيّة

الفصل السادس والعشرون فى العلل والامراص والشيطان
المصص ۞ اغري الوجع ۞ سوكاليك المرص ۞ يك انعلة ٢٠

<hr>

a) Sic! (ج mit drei Punkten). b) مفتخم Der Cod. hat aber
يقو mit ر (Sic!). c) Cod. المصايب. d) Cod. تغققون (Sic).

اچق ۞ المريض سوكان a ۞ الحُمّى استما ۞ الباردة تِترمَا ۞
السعال اتـرمـک ويقال اُکـسُـرْمک وهـو بالتركمانـىّ ۞ الفهاق
يُنْچُقْمـاق ۞ التثاؤب اُسْقَامـک b ۞ الانسهـال ۞ اُزْبـرمک ۞
النزع جان طَـرْتْمَـاق ۞ الموت المک ۞ الكلب قُطُـرمـق ۞
الجرب قُتُـرغـان ۞ الدُمّـل باش وهو للجرح ويقال چَبَـان وهو ة
بالتركمانـىّ ۞ الجنون تالـيليک ۞ المجنون تالي ۞ الطمع وهو
اشدّ الامراص سُوقَلق ۞ الشيطان ازت c ۞

القسم الثانى فى الامر بالافعال ولفظة الاستراحة فى المخاطبة
للواحد للحاضر التى بها يتوصّل المستفيد الى اسماء
المصادر وتحقيق تصريف الكلام فى المستقبل ۞ 10
وهـو مبنىّ على حـروف المعجم وهـو

حـرف الالـف ۞ اكتب چـزغـل d ويقال يـازغـل d وهـو
بالتركمانـىّ ۞ اقرأ اقيـغـل ۞ امسح سـلـکـل ۞ اكشط e
يـسوي کـل ۞ احسب صاغشْلاغـل ۞ ابصر کُرْکل ۞ اسمع
اشِتْکِـل ۞ اعلم بَـلْـکل ۞ اعـل ايلاكل ۞ ادخل کُرْکل ۞ 15
اخـرج چـقـل ۞ اصعد اغِـنْغل ۞ انـزل تشکل ويقال
ان کل ۞ اعبر گُجکل ۞ اركب مِنْکل ۞ اطرد من طرد الفرش
سـکـرتکل ۞ اطعن صانـجغـل ۞ اقتل الدُرْکل ۞ ادفن
کمکل ۞ انـهب يغيبالاغـل ۞ البس کیکل ۞ اخلـع
چِقَرْغـل ۞ اجمع دِرکْـل ۞ ازرع اککل ۞ احصد بجکل 20

---

a) Cod. شـوكـان.   b) Sic für الاسهـال?   c) Cod. ارث.
d) مفاخم ز.   e) Cod. اكشك.

وهو تفصيل القماش وهو التوسيط بالسيف   اطحن   ان طرت غل ويقال اكتقل اكُتْكل   انخل الاكل   اعجن

يُعُرغل   اخبز ياب قل وهو غلق الباب وهو المناء   اصطد من الصيد اولاكل   انبج بُغُرلاغل   اسلج

ه مُيغـل   اطبـج بُـشُركل   اغرف قُتِرْغل   اطعم   يُدِرْكل   اشرب اجكل   اسق اِجركل   اسكب تُكْكل

ادش تُشَاكل   ارقد ياطقل   اوقد يندركل   اطف   سَيْنِدِرْكل   احبب سَوْكل   اعشق امراق بُلْغل

انكج سِكْكله   اسحب كُرْتكل وهو الجز   افتج   اجقل اغلف ياب قل   ارم اطقل   احذف كامِشْكل

اسُل صُرْغل   اجتهد دُرُشْكل   اصطلج بارش قله   ويقال ايلاشكِل   استرح طِنْقل   انعب ارْغل   اطلب

تِلاكل   ازعف چَهِزْغل   ارس تَبْكل   الكم يُمُرُقْلاغل   اصلع بُيِنْلاكل   اشتم سُكْكل   العب اُيْناكل   ارقص

بَايْكل   اغسـل يُوكل   انشر صَرْغل   اشنف اص قل   وهلق مثله   اصلب كرا تيغل ويقال كُزْكل   اهرب

تمهقل   اختب كزْلانكل   ارجع قيت قل   أَرْجِعْ غيرك   قَيْتُرْغل   احبس زندانلاكل   اطلق صَالي بَرْكل   احذر سَقِنْغل   اخلق يَرتقل   ارحم يَرْلاغاغل   ٢٠ اصبر دُزُكل   اعن ارقا بركل   احفظ من حفظ القران

_____

وغيره از بر طت‌قل وهـو بالتركمانـىّ ماخــوذ مـن الفارسيّة

انتق مـن فتق القماش سُكـكل   اقرص جمدركل وهـو من

قـرص للجسم بالظفر   احـرس واحـفـظ سَـقْـلاغـل   انـظـر

كُزْلاكل   اجذب طَرت‌قل   احرق كيْنْدركل ويقال اورتاكل

اكبس بـص‌قل   امسك طُت‌قل   خـلّ قُيْغل   امضع ٥

شـيْناكل   ابلع يُت‌قل   اسرق اُغُرْلاغل   احم من للحمايـة

قُـرولاغل   ارسم من المرسوم بُيُرْغـل   اقبل من قبول الهديّة

وغيرهـا بُيـرْلاغل   اذكر من ذكر للخاطر الشـىء اكْغل   انَـس

انْـطَـاقـل   امـش يُوري‌كل   اعـد يُكـركل   اقـعـد

الطرغل   اسبق اُزْغَل   للحـق يَتْنُكل   اهلـك من ١٠

هـلاك الماسور يِتْكـكل   اجنب من جرّ للجنيب يَتْكل

اقص للحاجة بتوركل   افرغ تَاكُتْكل   اشتغل اشلاكل

اُشْغِلْ غيرك اشلات‌كل   افرح سون‌كل   احزن قيغي طـت

قل   احرّق كُس‌كل   اقطع كس‌كل   اغتظ بُشْ‌قـل

الطم من لطم الغير جَبْلاكل   اجرح بـاش‌لاكل وهـو امرك ١٥

بالشروع فى الامـر   انعس اُيوق‌لاغـل   استيقظ اُويانْغل

اُيْقظْ غيرك اويارغـل   العـق يُلاغـل   اخنق بُغْـغـل

اسبح يُورْكل   اعطس بَطْق‌ل وهـو امرك للشمس والقمر والنجم

بالافـول   اخطف قَبْ‌قـل   اغـزل اكِرْكل   انسج ذُتي‌غـل

وهـو امرك بالضرب والعقوبة   اصـرف من صـرف الـذهـب وغيره ٢٠

---

a) Undeutlich im Cod.   b) Cod. تنب‌كل.   c) Cod. بتنوكل.
d) Cod. حلت‌ قل sic.   e) Cod. اغتظ.   f) Cod. اوباز‌غل.

بُـزْغـل » وهـو النهب والاستلاب   انـفـَـج أۇزْكل وامـرك بصفر

الشعر وغيره وهـو امـره لغبرك بان ينتخب الشىء من الاشياء

وهـو بالتركمانـى   انغـص سِـلكْكل   اربط بـاغـلاغـل   اسرع

تزلاكل   الـكـلب اتكـلاكل وبقال اتزى سُـيْـلاكل وبقال يلان

ه سُـيْـلاكل وهـو بالـتـركمانـى   اصدف كزَتى ايـتْـقـل وبقال

كِرِشاى سُـيلاكل وهـو بالتركمانـى   اغـرس من غرس الشجر

تكا قُـيْـغـل   ارلع كُـتُـركل   احسد قِسْقان غل   ابغض

بـك كُـركل   اجتمع بغلان وغـيره تُـمُـتْـقل ٥   امـتـخـط

سِـمْكركل   ابعـف تُـكُـركل   اسعـل اتُـركل وبقال اكسُـرْكل

١٠ وهو بالـتركمانـى   ابك اغلاغـل   اضحك كُـلْكل   اعطس

اقُـسُـركل   افس من الفسا يَـسْـلاكل   اضرط اصرغل   اخر

سِـچقـل   استتر اُزْتِـنكل   اسـتـر غيرك اُزُتْـكل   ارضع

ام كل   اُزْضـع غـيرك امُـزْركل   ابرد من البرد اشي كل

الخء اسـن كل   اسرج من اسراج الـفـرس ايُـرلاغل   الجم

١٥ اُبـانـلاكل   اعلـف من اعطـاء الـفـرس قضيبها يِـمْ بَـرْكل

عليف الـفـرس وقضيبها يِـمْ   امـسـح من مسح الفرس قشي

غل   لُـحط بَـقِـقـل   انتظر بَـقا طُـرْغـل   انظر كُـوزلاكل

احـلـف اندِـچ كل d   اقـترص اُدُـنـج الـغِـل   ارهن

طَـطُـر قَـيْـغل   اليمين ولـحلف اند   القـرص اُدُـنـج

٢٠ الـرهـن طَـطُـر   احلق من حلق الشعر يُـولِـى كل   انتف

تِتْݣُلْ   اكنس من كنس البيت سُبْرُݣُلْ   اغسل يُوݣُلْ

اغتسل انت يُـنْݣُلْ   امـل من الامـل امْسْنْݣُلْ   اصبغ

بُوياݣُلْ   اخـتـصم تُتْشݣِلْ   اسـال من السوّال ارْݣل

ادرك مثله   امشط طراغُلْ   اكتحـل سُرمالاݣُلْ   ابن

من البناء يابْݣُلْ وغلق الباب مثله   اخرب يݣْݣُلْ   اورد ٥

الـدواب الـمـاء صُويَقْݣُلَ   انتخب من انتخـابك الشىء من

الاشياء طَلاب الغُلْ   اشـتـر سَاطُنْ الغُلْ   النج من

الانتجاء صَغنْغل a   التـصف يَابنْغُلْ   اخـدم طابو

اتْݣُلْ   افتـل من فتل للحبل وغيـره بُرْݣُلْ   اقـدح من

قدح الزناد جَقْݣُلْ وهو امرك لمن شئت بان يشكو غيره الى ١٠

ربّ صدر   انصح من النصح بالكلام والعدل اكْتلاكل   اقسم

من قسمة الشىء على جمـاعـة اولاشْتنْزݣِلْ   احتـجّ من

الاحتـجـاج دلداغلاغل   للحـجّـة دلداغِل   استكثر اكْش

سِنْݣُلْ   استنقّ ازه سِنْغُلْ   احترم من الاحتـرام لغيرك

اغْرْلاغُلْ   ١٥ استحقر ازرغـاغِلْ   اعجب العجب كُونْلانْغُلْ

انقب تِلْݣُلْ   افجـر من فـجـر الطلوع والدمـل دِشْݣِلْ

وكشف وجه البكر كـذلك   احفر قَزْغُلْ   اسكن من سكن

البيت قُنْغُلْ   اسكن من السكون ضدّ للحركة طنْغُلْ وهو

الـراحـة   ارحـل كُجْݣُلْ   اعبر كَجْݣُلْ   ابط من البطو

كُجْ كل   ٢٠ اشتق من الشوق كُوسَاكُلْ   اوتر من وتر القوس

قرغُلْ   الصق يِبِشْتُرْغُلْ   اوصل من وصل الشىء بالشىء

---

a) Cod. صغى غال .ز (5 .ز مفخّم.

أُولاغِل   اسكـت من السكوت والصمـت تِكْ طُرغِل ويـقال

بَكْيُررِيكِل   اختف من الاختفاء يَاشِنغِل   اخلط من

خـلـط الشيء بـالـشيء تُتْقِل   امحـق قِزغِل   اطو

بُنْدِكل   ابط من البلو كَمْكِل   اغمص من غمص العين

ه يُمكِل   اخط مـن الخطا يَازغِله ومنه الذنب والخطيّة

يَرْتِق   ابق من البقاء والتأخيـر قُلغِله   اعرف واعلم

بَلْذِكِل   احـمـى من حـمـى الفرش وغيره اناكل   احم من

حـمـو لحديد بـالـنـار قِزدِزغِل   اغلب أطقِل   اطلـب

تِلاغِل   انج من السنجـاة قُتلِغِل ٥

١٠ حرف الباء بُـشْ من البوس والتقبيل أُبْكِل   بـلْ من البلد

أُلِتْ كل   بُـلْ من البول سِيكِل   بـت من بـتّ الامـر

والشغل بُتُركِل   بِعْ من البيع ساطَقِل   بارك بالعيد وغيره

قُتلولاغِل   بلغ المسير معك يَتُركِل   بعثر بُولاشْتُرغِل

بعبص مـن البعبصة بـالاصبع لغيرك بَرْمَقْلاكِل   بـرّد الماء

١٥ وغيره سَوْتِقِل   بند تُكْكِل ٥

حرف التاء تكسب قَزِنغِل٠ ويـقال قَزِنِج ايلاكِل   تكلم

سُورْلاكِل   تـجـرّع أُغُرتلاغِل   لِجرعـة من الـمـاء وغيره

أُغُرت   تـشـاؤب اسْنَاكِل   تفاحـق يُنْجِقِل   تأقب

يَراقْلاَنْغِل   تـعـجّـب طِنلاغِله   تلبّت كُيْكِل

٢٠ تغىء تُشْقِل وبـقال يُنْدُرغِل   تغزّ من القمل بِتْلانْكِل

---

a) قـرن غـل. b) ز مفاخم. c) Cod. ل. d) Cod.
طِسْلغل (sic).

تــعـلّــم يُــورَنْ كِلْ ويقـال اُكْـران كِلْ   تــذلّــل مـن الــدلال

طُرْنَقْلان غِلْ a ويقـال اولاغِرغِلْ   تــعكَّــز طَيان غِلْ   العَكّاز

طياقْ   تـوصّل دَكِنْ كِلْ   تــشمّــر چِرْمان كِلْ   تــجهّز

آنقِلان غِلْ ❁

حرف الثاء ثــرْ مــن الثوران ثُـبْ قِلْ ويقـال الغبار اذا ثـار ثـار دُوزْ b

قُبْتِي وللمفصل اذا خـرج عـن مكانه وانفكّ قُبْتِي واذا قام قائم

فى الوجود مثله واذا ثار انسان ونهض قائما مثله ❁

حرف الجيم جُـزْ مــن العبور والدخول كِرْكِل   جَزّ من جزّ

الصوف عن الغنم قرقِ قِلْ   جُزّ طَرْت قِلْ   جَسّ من الجَسّ

باليد الِنْ كِلْ   جَنّى من الجناية قنا غِلْ   جبّ كِلمتِركِلْ 10

جقّل ارَكُسْتْ كِلْ ❁

حرف الحاء حلّ شَشْ كِلْ   حتّ سكارلا كل   حَرّ كِرت كِلْ

وهـو السحـب فى الجماع   حَسّ من حسّ الفرس قَشِي غِلْ

حكّ مثله   حطّ قُيْ غِلْ   حمـل يُكلات كِل   حرّك

تبرت كِلْ   حنّ b مــن الحنـاء قَنَّا غِلْ   حاسـب 15

صاغِشْ لا غِلْ   حبّ سَوْكِلْ   المحبوب سَوْكُو   حدّث

كلاچِي ايت كِلْ   حـدْ من الخروج عن الطريق صَوُل غِلْ ❁

حرف الخاء خُذُ آلْ غِلْ c   خلّ قُيْ غِلْ   خَفّ من الخوف

قُرق قِلْ   خـوّف قُرت قِلْ   خَفّف يَاينت كِلْ   خـرّق

يَرتْ قِلْ   خبّ كِزلا كل   خطّ من الخياطة تكْ كِلْ 20   خطّ

---

a) Cod. طُرِنقَلان غِل. b) Statt حنّى. c) مفاخم لـ.

خلط خاصم تَلَشْكل ه ويقال يَازغُلْ ه س الخط جِزْغُلْ ه
برالهتَزْغُلْ ه

حرف الدال نَمّ منكو تُلْدِتِلْ داو من الـدواء اطْلاغُلْ
دَقّ دُكِكِلْ دق من قرع الباب تَقْقِتِلْ .وهو سقف الرهن

نَشْ من الدوس بَضْقِلْ دَسّ من دس الشيء فى الشيء
سُقْقِلْ دُرْ من الـدوران كَزْكِـلْ در من اعطاء القفا
دُنْكِلْ دَلّ على الطريف قُلاكُورَلاغِلْ ه الدليل فى الطرقات
قُلاكُوز دخن تُتُنْلاكِلْ ء الدخان تُتُنْ ه

حرف الدال نَثْ طَاطِقِلْ نَوّى غيرك طاططُرْغِلْ الطعم
١٠ طاط نَوب ازْدُرْكِلْ ذَتَر أَكْدُرْغِلْ نَمْ يورْلاَكِلْ
نَل من اللبن اللَّغْغِلْ ه

حرف الراء زِج بَرْغُلْ ويقال كِتْكِلْ رب من التربية
بَسْلاكِلْ رَدّ قَيْتُرْغِلْ رش صَاجْقِلْ وهو النثار ه
حرف الزاء زد ارْتُزْغِلْ الـزيادة ارْتَقْ زِج كَتُرْكِلْ زن
١٥ من الـوزن طُزْتِقِلْ ه

حرف السين سق من السوق سُرْكل وهو النفى سابق
من المسابقة بالخيل وغيره يَرَشْغِلْ ساعـد ارْتا بكِلْ
سب نُكْكِلْ وهـو الشتم وكاف هـذه اللفظة كقاف العـرب
المنقولةُ ه من السكين وغيرهـا بلاذُولاكِلْ سُرْ بالـدابّة

---

a) قُلاكُورَلاغِلْ. b) Cod. زمفاخم (hier nicht bemerkt im Cod.)
c) Das لا ist später hineingeschrieben. d) Cod. كفاف العربت
المنفقوده.

آشُرِكِلْ سَلَّم مِن تسليم الشيء الى صاحبه اسْبُرلاكِلْ

سرح بالمشط طَرَاغِلْ سَدّ تِقْقِلْ ۰

حرف الشين شَمّ يِىلاكِلْ الرائحة يي شَدّ من شَدّ

الفرس وغيرها وهو الرباط بَغْلاغِلْ شَمَّر من تشمير القماش

الذى عليك چِرْمَانْغِلْ شارك من الشركة مع غيرك ارتاق ٥

بِلْغِلْ الشريك اُرْتاق شق من شق الشيء يَرِغِلْ شَلّ

كَنْتُرِكِلْ شاور طانْغِلْ شبّب بالشبابة دُودْكْ چالِغِلْ

شرح من تشريح اللحم قَقْلَغِلْ ۰

حرف الصاد صُمْ مِن الصيام ارُجْطُتِقِلْ صِرْ بُلْغِلْ a

صُبّ من صبّ الماء تُكْكِلْ صَبّح من الصباح چَغِرْغِلْ ١٠

صِدّ من الصيد اُولاكِلْ صلّ من الصلوة نماز قِلْغِلْ مأخوذ

مِن الفارسيّة الصلوة بالفارسيّة نماز يعنى افعل صلاة صَكّ

شَبْلاغِلْ صَفّ صُزَنْتِكِلْ صارع كُرشِكِلْ صالح من

الصلح بانْلاشْقِلْ ويقال ايِلاشْكِلْ صادق مِن المصادقة

دوستلاشْكل مأخوذ من الفارسيّة صفّ من التصفية سُزْكِلْ ١٥

صدّى مِن تصديقك الكلام اذنِكِلْ ۰

حرف الضاد ضلّ من الضلال اَزْغِلْ ضع من الضيعة طاس

بُلْغِلْ ضيّع طاس ايلاكِلْ ويقال ياوا ايتكِلْ وهو

بالتركمانـىّ ضارب مِن المضاربة صَاوشْقِلْ ضائر من

المصافرة بُلُمْشِقِلْ ضيّف من الضيافة تَنَقْلاغِلْ ۰ ٢٠

حرف الطاء طر اُجِكِلْ طُل من الطول اُزْنِغِلْ طع من

---

a) ل مفخم.

انطامة ارناكِل طن مِن الطين بَلْجِقى لاغِل الطين بَلْجِقى طلْع‌ه من التدلّع على جبة بَقى قِل ٠

حرف انثاء طنّ مِن الظنّ أورن‌لاكِل ظاهر مِن المظاهرة والمساعدة ارتالاش‌قِل ٠

٥ حرف العين عدّ مِن العدد صَناغِل عُدّ مِن العود قَيتِقِل علّم مِن تعليم العلم وغيره اورت‌كِل ويقال أكرب‌كِل وهو بانتركمانى علم مِن العلامة تضعها على الكتاب نِشان‌لاكِل العلامة نِشان وهى بالفارسيّة عِش تِرل‌كل عش نِش‌لاكِل عبّ مِن‌ه .... بَغْغِل

١٠ علّ مِن التعليذ يُكْسَت‌كِل عمّ مِن العوم يُزكِل عوج اككل ملف اضِقِل عانق مِن المعانقة تُجّ‌قُل للحِصن تُجِّهِق عتجل تَركلات‌كِل ويقال ايوركِل ويقال تَرجا ويقال تُرِكين ٠

حرف الغين غنّ مِن الغنه ارلايِل ٠ غبّر مِن الغبار ١٥ دُورَجَكُل غر مِن الغيرة كُن‌لاكِل غر مِن الاغارة اَقِن‌اتكِل غير دَكْشُركِل ومنه الدَكْشُورى لتغيير صفات الخيل عند بيعها غزّ مِن الغرور بالحيلة الدّاغِل غض مِن الغرس صَرْدًا بطِقِل ٠

حرف الفاء فلّ قَبَرْغِل فلّ مِن تغلية القمل بِتْ‌لاكِل ٢٠ فِتّ أورتِقِل فقّ مِن تفقيتء العين وما ينفر فى البدن سِقُركِل فتل مِن تفصيل القماش بِجّركِل فارق ايرِل‌كِل

_____

a) Cod. طل (sic).   b) Koine Lac. in der Hs. angezeigt.
c) Cod. تفقيقه.   d) Cod. سترّكل.

فـرّى من تفرقــة الشـيء على جماعة أولاشتُرْكِلْ   فكّ من فكّ
القوس عن وتره يَسْقِلْ   فتّش اِرداكِلْ ۞

حرف القاف   قُلْ آيتْقِلْ ويقال دَاكِلْ   قرّب يـُوتْقِلْ   قَعْ
من الوقوع قُشْكِلْ   قُمْ من الوقوف واللبث والقيام طُرْغِلْ ويقال
ايضا لمن تـأمـره بالقيام ارو طرغِلْ   قس من القياس الْچِكِلْ ٥
وهو الكيل وهو الذراع   قدّ من قدّ الطبيخ بالسكّين وغيره
دلّكِلْ   قاتـل مـن المقاتلة چالِشْكِلْ   قـلّ مـن تقلية
اللحم قُورغِلْ ۞   قـو من تقوية الشيء المصنوع بَرْكِتْكِلْ ۞

حرف الكاف   كُلْ يَاكِلْ ويقال اشاغِلْ   كل مـن الكيل
الْچِكِلْ   كُبّ دُنْدرو قُيْغِلْ   كد من الكدية تلانْكِلْ   كَبّر ١٠
من ان تـجعل غيرك كبيرا اولالدُرْغِلْ   كُنْ بُلْغِلْ   كتّل
يُمرلاتْكِلْ ۞

حرف اللام   لـنْ يُمْشَنْغِلْ   لين يُمشُتقِلْ   لـزّ من اللزّ
سكارْلاكِلْ   لظّ مـن اللـطّ باليد چَبْـلاكِلْ   لاكم من
الملاكمة يُمْرُقْلاشْقِلْ   لـد مـن الولادة طُغُرْغِلْ   لذ من ١٥
الملاذ والالتجاء صِغِنْغِلْ   لـج من ان تلوح لغيرك ان يراك
كُوزرِنْكِلْ   لف من لف العمامة وغيرها صَرْغِلْ ۞

حرف الميم   مسّ من المسّ باليد آيْلنْكِلْ   مُتْ من الموت
اُلْ كِلْ   مدّ مـن مـدّ يدك الى الشيء لتأخذه او لتعطيه
غيرك صُنْغِلْ   مـش مـن ان تمشى غيرك يُرتْكِلْ   مصّ ٢٠
مـن المصّ بالفم صُرْغِلْ وهو السـؤال عن الشيء   مُرْ من
الامر بُيُرْغِلْ   الامر والمرسوم بُيُرق   مدّ من مدّ للحبل ومثله
طُرتْقِلْ ۞

حرف النون نمّ من النوم اوبي كِلْ نوّم غیرك اُوِبِتْ قلْ
نشّ من نشّ الذهب اوشلاكلْ نلّ من الجماع سِلْكلْ نالل
صُلُو نَزِكِلْ نلد من المناداة فى طلب من تفصد خصّ دوره
الدّاكلْ نطّ من النطّ والجمز قُلُعِي غِلْ نسّخ من ازالة
الشىء عن مكانه كَتُركلْ ٭

حرف الهاء هنت كلّ نُزِكِلْ هدّ من الهدّ والخراب بِقْ قِلْ
هزّ تبرتكلْ وهو التحريك للشىء٭ هبّ من الـهـيـبـة
بَقِشْلاغِلْ هبّ من امره الربح او الهوا بأن يهبّ آسِكلْ ٭
حرف الواو ودع من الـوداع اَسَنْ لاشْ كِلْ ودّ مـن التوديـة
۱۰ للشىء الى المكان المسيّر اليه الْتُ كِلْ ويقال الت نَزِكِلْ ٭

القسم الثالث فى تعريف الكلام والافعـل

اعلم وفقك الله تعالى انه لم يكن فى اللغة التركيّة من المخاطبة
ما تفرق بـه بين الـذكـر والانثى ان المخاطبة للرجـل٭ والمرأة
شىء؟ واحد ولم يكن عندهم من المخاطبة ما يختصّ بالاثنين
۱۵ لان اوّل الجمع عندهم الاثنان فائم لذلك واعلم اعزّك الله ان اصل
ما يُبْنى عليه امرك فى تعريف الكلام فى اللغة التركيّة هو الامر
بالفعل للواحد الحاضر المخاطب وقد عيّنت لكلّ امر ما يختصّ
بـه من لفظلة الاستراحـة التى ليس لها حكم فى تعريف الكلام
ولا تستعمل الّا فى الامر الـواحـد الحاضره المخاطب فقط ولو
۲۰ القيت من مخاطبة الـواحـد الحاضره المخاطب فى الامر له جاز
وهـو على ثـلاث صفات وی غِلْ وَقِلْ وكِلْ والفائـدة فى اثباتها

a) Cod. الرجل. b) Cod. الخاطر.

هاهنا معرفة المصدر وهـو اسم الفعل وتفيد المستفيد ايضا فى
مستقبل الافعال فامّا معرفة اسم الفعل وهو المصدر فانّك تعتبر
اىّ امر شئت فان كانت لفظة استـراحـة من ذوات a غِلْ
فتسقط لفظة غِلْ وتلحـق بما تقدّمها من الامر لفظة مَعْ فيكون
مصدرا واسما لـذلك الامر وان كانت لفظة استراحـة من ذوات a ٥
قِلْ فتسقط لفظة قِلْ وتلحق بما تقدّمهـا مـن الامر لفظة
مَقْ فيكون مصدرا واسما لذلك الامر وان كانت لفظة استراحته
مـن ذوات كِلْ فتسقط لفظة كِلْ وتلحق بما تقدّمها مـن
الامر لفظة مَكْ فيكون مصدرا واسما لذلك الامر وهذا ضابط
حسن مستنبط لـم يسبق اليه احـد ممّن وضع كتب اللغة ١٠
وترجمتها، وامّا فائـدتها فى المستقبل فسيأتى ذكره فى مـواضعه
ان شاء الله تعالى واذا اردت تصريف الكلام فتأخـذ اىّ امـر
شئت بعد اسقاط لفظة استراحتـه وتجعله اصلا تبنى عليه
امرك فى تصريف الكلام فى الامر والنهى والمستقبل والماضى والحال
مثالـه ان تـأمر الواحد للحاضرة المخاطب فتقول له اكتب وهو ١٥
چِزْء c فـان اردت نهيه فترجـع الى الاصـل وهـو چِز وتـزد عليه
لفظة مـا فيكون چِزْمَا اى لا تكتب فـان اردت الامـر لجماعـة
حاضرين فترجع الى الاصل وهـو چِز وتـزد عليه لفظة گُزِد d بعد
كسر الجـزاء وخفضها فيكون چِزگُز اى اكتبوا فـان اردت نهيهم
فترجع الى الاصل وهو چِز وتزد عليه لفظة ماگز فيكون چِزْماگِزْ ٢٠

---

a) Cod. ‏دولت‎ . b) Cod. ‏للحاظر‎ . c) ‏ز مفخم‎ . d) In der
Hs. steht ‏كز‎ hier wie im folgenden.

اى لا تكتبوا وللجماعة للحاضرين ايضا وجه اخر فى الامر والنهى
لمّ وهو اكثر استعمالا بينهم الآن وللك ان ترجع الى الاصل وهو
جز وتزد عليه نونا ساكنة بعد خفض الزاء فيكون جِزِنْ اى
اكتبوا وان اردت النهى فترجع الى الاصل وهو جز وتزد عليه
ه ميما مفتوحة ونونا ساكنة والزاء ساكنة فيكون جِزْمَانْ اى لا
تكتبوا وهـذه النون فى الامـر والنهى فيهـا شىء مـن الغنّة
ومخـرجها مـن سقـف للحلق الى راس الانـف واذا اردت الامـر
لواحد غائب فترجع الى الاصل وهو جز وتزد عليه لفظة صِنْ
فيكون جِزْصِنْ اى ليكتب فان اردت نهيه فترجـع الى الاصل
۱۰ وهو جز وتـزد علـيـه لفظة مَاصِنْ فيكون جِزْمَاصِنْ اى لا
يكتب فان اردت الامر لجماعة غائبين فتزد على ما صار معك
للواحد الغـائـب فى الامـر والنهى لفظة لا وهـذا امر ونهى
لحاضرين وحاضرين وغائب وغائبين مطرد ذلك فى جميع ما تقـدّم
عنـدك من الاوامر على عذه الصيغة فى الامر والنهى ⟡
۱۵ فصل فى الماضى من الاصل فاذا اردت المخاطبة لواحد حاضر
فترجع الى الاصل وهو جز وتزد عليه دالا مخفوضة a ونونا ساكنة
فيكون جِزْدِنْ اى قـد كتبت فـان اردت النفى فـترجـع الى
الاصل وهو جز وتزد عليه ما هـذه صورتـه صادِنْ فيكون
جِزْمَادِنْ اى مـا كتبت فاذا اردت المخاطبة لجماعة حاضرين
۲۰ فترجع الى الاصل وهو جز وتزد عليه ما هذه صورته دِگْز فيكون
جِزْدِگْز اى قـد كتبتم فـان اردت النفى فترجع الى الاصل وهو

———

a) Cod. مخفوظة.

چز وتـزد عليه ما هذه صورته مَادِكِزْ فيكون چِزْمَادِكِزْ اى ما
كتبتم فان اردت الاخبار عـن واحـد غائب بان قـد كتب a
فترجع الى الاصل وهو چز وتـزد عليه دالا مخفوضة b وياءً ساكنة
فيكون چِزْدِي اى قد كتب فان اردت النفى فترجع الى الاصل
وهـو چز وتـزد عليه مـا هـذه صورته مَادِي فيكون چِزْمَادِي b
اى مـا كتب فان اردت الاخبار عن جماعة غائبين فتزد على
ما حصل عند الـواحد الغائب فى الاثبـت والنفى لفظة لاْ وان
اردت الاخبار عـن جماعة متكلّمين وانت منهم فترجع الى الاصل
وهو چز وتزد عليه لفظة دِغْ فيكون چِزْدِغْ اى قد كتبنا فان
اردت النفى فترجع الى الاصل وهو چز وتزد عليه ما هذه صورته 10
مَادِغْ فيكون چزمادِغ اى مـا كتبنا فان اردت c الاخبار عـن
نفسك وانت المتكلّم فترجع الى الاصل وهو چز وتزد عليه لفظة
دِمْ فيكون چِزْدِمْ اى قـد كتبت انـا فان اردت النفى فترجع
الى الاصـل وهـو چز وتزد عليه لفظة مَادِمْ فيكون چِزْمَادِمْ اى
ما كتبت انا وهذا مطرد فى جميع ما تقدّم عندك من الاوامر 15
لا يتغيّر فى شىء منها بعد حذف لفظة الاستراحة ۞

فصل فى المستقبل من الافعال فان اردت المخاطبة لواحد حاضر
فتـرجـع الى الاصـل وهـو چز وتزد عليه لفظة غَاسَنْ فيكون
چِزْغَاسَنْ اى ستكتب انت فى المستقبـل فان اردت النفى
فترجع الى الاصل وهـو چز وتزد عليه لفظة مَيَاسَنْ فيكون 20
چِزْمَيَاسَنْ اى مـا تكتب فى المستقبل فـان اردت المخاطبة

---

a) Cod. كتبت.   b) Cod. مخفوظة.   c) Fehlt im Cod.

لجماعة حاضرين فتعوّض لفظة سن التى انت فى اخر الامر
والنهى للواحد الحاضر بلفظة سِرْ وان اردت الاخبار عن واحد
غائب فترجع الى الاصل وهو چز وتزد عليه لفظة غاىْ فيكون
چزْغاى اى سيكتب فى المستقبل فان اردت النفى فترجع الى
5 الاصل وهو چز وتزد عليه لفظة مَيَا فيكون چزْميا اى ما
يكتب فى المستقبل فان اردت الاخبار عن جماعة غائبين فتزد
على ما حصل معك للواحد الغائب فى الاثبات والنفى لفظة
لار فان اردت ان تكون المخاطبة لجماعة متكلمين عن انفسهم
فترجع الى الاصل وتزد عليه لفظة غاىِز فيكون چزْغاىِزْ اى
10 سنكتب فى المستقبل فان اردت النفى فترجع الى الاصل وهو
چز وتزد عليه لفظة مَيَاىِزْ ٭ فيكون چزْمَيَاىِزْه اى ما نكتب
نحن فى المستقبل وان اردت الكلام عن نفس المتكلم فتعوّض
ما حصل معك للاجماعة المتكلمين من لفظة يِزْ التى نحن b فى
اخر الاثبات والنفى بلفظة مَنْ، وقد استحقّ ظهور بقيّة فائده
15 لفظات الاستراحة التى تقدم ذكرها اوّلا وان نذكرها فى هذا
الفعل وهو فعل المستقبل وذلك انه لمّا كانت لفظة استراحة
امرك للواحد الحاضر المخاطب فى هذا الفعل الذى وضعته لك
مثلا تقتدى به فى تحريف جميع الاوامر التى تقدم ذكرها
وامرت الواحد المخاطب فيه بالكتابة من ذوات غِلْ وكان
20 امرك للواحد الحاضر چزْغاسَنْ وللاجماعة الحاضرين چزْغاسِزْ
وللواحد الغائب چزْغاى وللاجماعة الغائبين چزْغاىِلار ولنفس

---

a) Fehlt im Cod.   b) Cod. انت.   c) Cod. چزْغاى.

المتكلّمين چزغابز لجميع بحرف الغين فكذلك مهما فى هـذا
الفصل وهو فصل المستقبل من الاوامر وكانت لفظة استراحة من
ذوات قلْ فتتعوّض الغين الـذى تتقدّم a بالقاف ومهما كان لفظة
استراحة من ذوات كلْ فتتعوّض الغين بالكـاف وهـذا مطّرد فى
جميع الاوامر لا تخرج عنه ۞

5

فصلٌ فى تصريف للحال فانّك اذا اردت المخاطبة لـواحد للحاضر
المخاطب وان تـأمره بأن يكتب فترجع الى الاصل وهو چز وتزد
عليه راءً ساكنة وسينا مفتوحة ونونا ساكنة بعد تحريك الراء
الى النصب فيكون چزْرْسَنْ اى تـكـتـب فى للحـال وان اردت
النفى b فتـرجـع الى الاصـل وهـو چز وتـزد عليه هذه الصورة

10

مَازْسَنْ فيكون چزْمَازْسَنْ اى ما تـكـتـب فى للحال فان اردت
المخاطبة لجماعة حـاضـريـن فتبدل لفظة سَنْ بلفظة سِزْ فان
اردت المخاطبة لـواحـد غـائـب فترجع الى الاصل وهو چز وتزد
عليه راءً ساكنة مـع تحريك الراء الى النصب فيكون چزّزْ فان
اردت النفى فترجـع الى الاصـل وهو چز وتزد عليه هذه الصورة

15

مَازْ فيكون چزْمَازْ اى مـا يكتب فى للحـال فـان اردت المخاطبة
لجماعة غـائـبيـن فتزد على ما حصل معك لـواحـد الغائب لفظة
لَأُر فـان اردت المخاطبة عـن نفسك متكلّم فترجـع الى الاصـل
وهو چِزْ وتزد عليه راءً ساكنة وميما مفتوحة ونونا ساكنة فيكون
چزْرَمَنْ اى اكتب فى للحال فان اردت النفى فترجع الى الاصل

20

وتزد عليه هذه الصورة مَازْمَنْ فيكون چزْمازْمَنْ اى ما اكتب

---

a) Cod. تقدمت.   *b*) Cod. fügt hinzu وهو.

انا فى لحلل فان اردت المخاطبة لجماعة متكلمين وانت منهم
فتبدل لفظة مَنْ التى انا فى مخاطبة نفس المتكلم الواحد
بلفظة بِزْ ۞

القسم الرابع فى ضوابط الكلام وعدد كلمات والفاظ بهن

يكمل القصد من المستقبل ان شاء الله تعالى

لفظة مُو التركيّة هـذه اللفظة وى مى عـلامة الاستفهام فى كلّ
شـىء تتلفظ بـه من تصريف الكلام فى الماضى والمستقبل والحال
تـأتى ۵ بها فى اخر كلّ كلمة خلا الكلمة التى فيها سَبنْ او سِـنْ
او مَنْ او بِزْ فانـك تقدّمها فى اثناء تلك الكلمة على سَنْ او
سِزْ او مَنْ او بِزْ وى تـقـوم مـقـام الـف الاستفهام العربيّة ۞
لفظة ادِي التركيّة هذه اللفظة وى ادِي تقوم مقام كان العربيّة
فان اردت ان تقول كنت انت فتقول سِن إِدِنْ كنتم انتم
سِزْ ادِكْزْ كـان ذاك أَل ادِي كانـوا اولئك انلار ادِى كان هذا
بُو ادِي كان هاؤلاء مُونْلَازْ ادِي كنت انا مَنْ ادَمْ كنّا نحـن
بِـزْدِكْ (sic) كم كـان نجَّا ادِي كـان اسودّ قَرَا ادِي كان
ابيضّ۵ أَق ادِي هكذا تـأتى بها فى اخر كلّ كلمة۞ لفظة
چى التركيّة وهـذه اللفظة وى چى بـأىّ شـىء الحقت بـه من
اخره كانت اسما لصانع ذلك الشىء مثاله للحديد تَمِرْ للحدّاد
تَمِرْچى النحـاس باقِـرْ النحـاس باقِرْچى الكتب بِتِكْ الكاتب
بِتِكْچى للخبز أَتْمَكْ للخبّاز أَتْمِكْچى اللحـم آتْ اللحّام أَتْچى
هكذا مُطّرد على هـذه الصورة فى جميع الكلام ۞ لفظة داش

التركيّبة وهـذه اللفظة وهي داش بـأى شـىء لمحقت مـن اخره
كانت علامة للجمع والضمّ بين الاثنين مثاله [البطن] قَرِن فاذا قلت
قَرِنْداش كـانـت دالّـة على انّهما مـن بطن واحـد وهو الاخ ،
الطّريـق يُولْ فاذا قلت يُولْدَاش كانت دالّة على انّهما رفيقا a
طـريـق واحـد ، الارض والمكان والبقعة يِرْ فـان قلت يِـرْدَاشْ 5
كانت دالّة على انّهما من ارض واحدة او من بقعة واحدة b ،
السيّد قُتجَا فاذا قلت قُتجَادَاشْ كانت دالّة على انّهما لسيّد
واحـد واصل قُتجَا بالفارسيّة خُوَاجَهْ وتنقلب فى الالسن الى ان
جعلوها خُشْدَاشْ ٭ لفظة كمْ التركيّبة وهـذه اللفظة وهي كمْ
تقوم c مقام مـن الاستفهاميّة مثاله ان تقول من هـوكِمْدُرْ مـن 10
انت كِمْسَنْ مـن انتـم كِمْسِيزْ مـن جاء كِمْ كَلْدِي مـن راح
كمْ بَرْدِي على هـذه الصورة تـأتـى بها فى اوّل الكـلـمة ، ويقوم
دَنْ ٭ مقام مِنْ تقول d من السوق بازارِدَنْ من القلعة قَلْعَهدَنْ
مـن الشأم شامدَنْ مـن فلان فلانْدَنْ هكذا تـأتى بها فى
كـلّ كلمة ٭ لفظة دا التركيّبة وهـذه e اللفظة وهي دا تـقوم 15
مقام فى العربيّة مثاله ان تقول فى الارض يردا فى السماء كُكْدا
فى البيت ايودا فى السوق بازاردا فى القلعة قلعهدا فى الشام
شامدا فى مصر مصردا هكذا تـأتى بها فى اخر كلّ كلمة ٭
لفظة لُو التركيّبة وهـذه اللفظة وهي لُو تقوم مـقام ذى العربيّة
مثاله ان تقول ذو فرس أطْلُو ذو جمل تَوَالُو ذو حمار اشكلُو 20

---

a) Cod. رفيقان . b) Cod. واحد . c) Cod. يقوم . d) Fehlt
im Texte; am Rande beigeschrieben. e) Cod. وهي .

نو مــل مــالـلو نو لـحيـذ صَقَلُلُو فكـذا تأتى بها فى اخـر كــلّ
كلمة ✳ لفظة سِيـزْ التركيّذ وهـذه اللفظة وهى سيز تقوم مقام
بــلا العربيّذ فـاذا اردت ان تقول بـلا فرس فتقول الحاسيــز بلا
جمل تَوَاسِيزْ بـلا حمار اشْكْسِيزْ بـلا مال مال سيزْ بلا لحية
صَقَلْ سِيزْ بـلا خبز أَتْمَكْ سِيزْ بلا مــه صُوسِيزْ فكذا تأتى
بها فى اخر كلّ كلمة ✳

لفظتا لك الملكيّذ ولك النقوليّذ التركيّتان فأمّا لفظة لك الملكيّذ
فـانّك اذا اردت ان تقول هـذا لك فتقول بُو سَيـنْ هذا لكم
بُو سزنْ هـذا لهذا بُو مُنِنْ هـذا لذاك بُو آنِنْ هذا لاولئك
بُو آنْلارْنْ هذا لى بُو مَنِمْ هـذا! لنا بُو يِزُمْ وبين هذه الالفاظ
مغنّنك وبخرجها من لحيشوم وأمّا لفظة لك القوليّذ فمثاله انّك
اذا اردت ان تــقــول لــك اقــول فتقول سكّا آيْتِرْمَنْ لكم اقول
سبزكَا آيْتِرمَنْ لهذا اقـول مُوكا آيْتِرمَنْ لــذاك اقـول اكا
آيترمَنْ لاولئك اقـول انلاركا آيتِرمَنْ لنا تقول انت بِزُكَا
آيـتِـرْسَنْ لى تـقـول انت مَكَا آيْتِـرْسَنْ لنا تقولون انتم
بِزكا ايترسز ✳ لفظة بي التركيّذ وهـذه اللفظة وهى فى بــاى
كلمذ لحقت من اخرها كـانت علامة المفعول مثاله اذا اردت
ان تقول خذ هـذا فتقول آلْغِلْ مُوني شِلّ هذا كتُورْكِلْ مُني
خـط هـذا قُيْغِـلْ مُني او تقول سنجر ضرب ايبك سَنْجَـرْ
وُرْدي آيْبَكَدِي او تــقـول؛ ايبـك ضرب سنجر آيْبَكْ وُرْدي
سَنْجَـرْني او تقول اركب هذا الفرس فتقول مِنْ كِلّ بُو أَطْني

a) Cod. لفظ. b) Cod. ايتر من. c) Cod. يتو (sic!).

او تقول كُلْ هذا للخبز فتقول يَاكِلْ بو أَتْمَكْدِي او اشرب عذا
الماء اِچْكِلْ بُو صُوِني وهى عــلامــة المفعول اذا اردت فى اخر
الكلمة ۞

لفظتا فوق وتحت العربيتان فأمّا لفظة فوق العربيّة فان اصلها
بالتركىّ أُسْتْ فاذا اردت ان تقول للواحد المخاطب فوقك فتقول ٥
أُسْتْنْدَا فـوقـكـم أُسْتَكْزْدَا فـوق هذا مُنِنْ أُسْتُنْدَا فوق ذاك
آنِنْ أُسْتُنْدَا فـوق اولئك انلار أُسْتُنْدَا فـوقـى أُسْتُنْدَا فوقنا
أُسْتُمْزْدَا وهذه اللفظة تعطى حكم على ايضا وأمّا لفظة تحت
العربيّة فــانّ اصلها بالتركىّ آلْتِـه فــاذا اردت ان تقول تحتك
فتقول آلْتِنْدَا تحتكم التِكْزْدَا تحت هـذا مُنِنْ آلْتِنْدَا تحت ١٠
ذاك آنِنْ التِنْدَا تحت اولئك انلار التِنْدَا تحتى التُنْدَا تحتنا
الـتُـمُـزْدَا ۞

لفظة بين العربيّة وأمّا لفظة بين العربيّة فانّها بالتركىّ أرا فاذا
اردت ان تقول بيننا فتقول آرَامِزْدَا بين اولئك آرَالارِنْدَا بينكم
آرَاكِزْدَا فـاذا اردت ان تقول مــن بينكم فتزد ة على مــا تقدّم ١٥
نونا ســاكنة فيكون من بينكم اراكْزَدَانْ من بيننا ارامِزْدَانْ
من بينهم ارالارِنْدانْ ۞

لفظة الوسط العربيّة وأمّا لفظة الوسط العربيّة فانّها بـالتركىّ
أُورْتا فاذا اردت ان تقول فى الوسط فتقول أرْتَـدَا فاذا اردت ان
تقول فى وسطكم فتقول أُورْتَاغِزْدَا فى وسطهم اورتالارِنْدَا فى وسطنا ٢٠

اوریتامیزدا فلذا اردت ان تقول مـن وسطكم ومـن وسطنا ومن
وسطهم فتزد على ما تقدّم معك نونا ساكنة ۞

لفظة مـع العربيّة فاّما مع العربيّة فانها بالتركىّ بِلا فاذا اردت
ان تقول معك فتقول سَین بِلا معكم سِزن بِلا مـع هـذا مُوِنن
مـ بِلا مـع هـاولاء مونلار بِـلاسِندا مـع ذاك آنن بِلاسِنْدَا مـع
اولئك آنلار بِلارِنْدَا معى بلمِدَا معنا بِلامُزْدَا ۞

لفظة عند العربيّة وأمّا عند عند العربيّة فانها بـالتركىّ قَتِنْ فاذا
اردت ان تقول عندك فتقول سَین قَتُنْدَا عند اولئك انلار قَتُنْدَا
عنـدى مَنُمْ قَتُنْدَا عندنا بِزِمْ قَتُمُزْدَا عند هاولاء مونلار
١٠ قَتُنْدَا فادا اردت ان تقول من عنده ومن عندكم ومن عند
هـذا ومن عند هـاولاء ومن عند ذاك ومن عنـد اولئك ومن
عندى ومن عندنا فتزد على ما تقدّم معك نونا ساكنة۞

لفظة غَير العربيّة فانها بالتركىّ اِیُروق فاذا اردت ان تقول غيرك
فتقول سِنْدان ایرق غيركم سِزْدَان ایرْق غير هذا موندان a
١٥ ایروق غير اولئك السلاردَان ایـروق غير ذاك اندان b ایرق
غيرى مُنْدان ایروق غيرنا یِزْدَان ایُروق ولها وجه اخر بان
تقول أرْکَا ولها وجه اخر بـأن تقول أُکُو وکـلاهما یعطى حكم
الاّل تـاق بالجميع فى اخر كـلّ كلمة وینطلق بحكم للجميع فى
حقّ الناطق والعامت من كلّ شىء ۞

٢٠ لفظة لاجـل العربيّة وأمّا لفظة لاجـل العربيّة فـانّها بالتركىّ c
اُجُن تـاق بها فى اخر كـلّ كلمة وهى تقوم مقام القسم فـاذا

---

a) Cod. موندا.   b) Cod. انلان sic.   c) Cod. باکى.

اردت ان تقول لاجل الله سبحانه تَنْكرى اُچُنْ لاجل النبىّ
صلّعم بَيْغَامْبَرْ اُچُنْ لاجل راسك بحق باش اچُنْ لاجلك سنّنْ
اچُنْ لاجلكم سِزْنِ اُچُنْ لاجل هذا مُونِنْ اُچُنْ لاجل هاولاء
مُونْلَارْ اُچُنْ لاجـل نلـك آنِنْ اُچُنْ لاجل اولئك انلار اچن
لاجلى مَنُمْ اُچُنْ لاجلنا بِزُمْ اُچُنْ لاجـل فلان فلانْ اُچُنْ
هكذا تأتى a بها فى اخر كلّ كلمة وينطلق حكمها فى الناطق
والصامت فى القسم ✿

ــ

نفظنا كم ويكم العربيّتان فأمّا لفظة كم العربيّة فهى بالتركى
نَيْچَا فاذا اردت ان تقول كم انسان فتقول نيچا كِشِي كم
فارس نيچا اَطْلُو كم راجل نيچا يايَاغْ كم درهم نيچا يَرْمَقْ 10
كم دينار نيچا النُّونْ كم ثـوب نيچا چُبَرَكْ ولها وجـه اخـر
وهـو قُيْجْ وتصريفه كتصريف الاوّل تأتى بهما فى اوّل كلّ كلمة
وينطلق فى الناطق والصامت من كـلّ شىء وامّا لفظة بكم
فـاتّها بالتركىّ نيچايا فاذا اردت ان تقول بكم هـذا فتقول
نيچايا بُو بكم الرطل بثُمَانْ نيچايا بكم الاردبّ اَرْدَبْ نيچايا ✿ 15

ــ

لفظة كيف العربيّة فأمّا لفظة كيف العربيّة فـاتّها بالتركىّ
نَيْجُكْ فاذا اردت ان تقول كيف كان فتقول نيچك ادى كيف
فلان فلان نَيْجُكْ كيف يكون الامر نَيْجُكْ بُلْغَاى ايش ولها
وجـه اخر وهو نَتَا وللحكم للحكم وهو بالتركمانىّ ✿

لفظة متى العربيّة وامّا لفظة متى العربيّة فـاتّها بالتركى قَيْچِنْ 20
فاذا اردت ان تقول متى جـاء فتقول قَيْچِن كَلْدِي متى راح

ــــــــــــــــــــ

a) Cod. يأتى .

قَتَجَنْ بَرْدِي متى يجيء قَتَجَنْ كلكاي متى يـروح قَتَجَنْ
بَرْغَاي متى كـان قَتَجَنْ اِدِي متى يكون قَتَجَنْ بُلْغَاي وهو
يعلم مقام الا ايضاً ٭

لفظة ثم العربيّة وأمّا لفظة ثم العربيّة فـانّها بالتركى يَنَا فاذا
اردت ان تقول ثمّ جاء فتقول يَنَا كلدي ثم رح يَنَا بَرْدِي
ثم اكل يِنَا يادي ثمّ شربه يِنَا اِجْتِي ثمّ قال يَنَا ايتي ثم
يقول يِنَا اَيتقاي هكذا تأتى بها فى اوّل كل كلمة ٭

لفظة ايضا العربيّة وأمـا لفظة ايضا العربيّة فانّها بالتركى دَهِي
فاذا اردت ان تقول قال ايضا فتقول دَهِي اَيتِي يقول ايضا دَهِي
١٠ اَيتْقاي وهو تعطى ايضا حكم الاستزادة فى طلب الشىء فاذا
اردت ان تقول اعطنى ايضا فتقول بِرِكُلْ دَهِي او تـقـول دَهِي
بَرِكُلْ ان شئت قـدّمتها عـن الكلمة وان شئت اخّرتها وهذه
الدال التى لهذه اللفظة مشمومة بشىءٍ من حرف الطاء ٭

لفظات هـذا وهـو وايـش والشىء العربيّات فـأمّا لفظة هذه
١٥ العربيّة فانّها بالتركى بُو وأمّا لفظة هو العربيّة فانّها بالتركى دُزْ
وأمـا لفظة ايـش العربيّة فانّها بالتركى نَا وأمّا لفظة الـشىء
العربيّة فانّها بالتركى نَسَا فاذا اردت ان تقول ٭ ما هـو على هذه
الصفة شىء هـو هذاه هـو هذاه فتقول بُو نا نَسَاذُر او تقول ايش هذا
فتقول بُو نَا او تقول ايش هو هذا فتقول بـو نَا دُزْه ٭

٢٠ لفظتا الادنى والاقصى العربيّتان فـأمّا لفظة الادنى يعنى الاقرب فهى
بالتركى بِشْرَا وأمـا لفظة الاقصى فهى بالتركى اِشْرَا فاذا اردت

---

a) Cod. سبّ (sic).   b) Unbeholfener Ausdruck.

ان تقول الادنى من الاثنين فتقول بِسْرَاسِي او تقول الاقصى منها
فتقول اِسْرَاسِي ۞

لفظتا هنا وهنالك العربيتان فأمّا لفظة هنا بالتركىّ فهى مُونْدا
وامّا لفظة هنالك فانّها بالتركىّ آنْدَا ۞

اعلم اعزّك الله ان اللغة واسعة وانّما وضعت لك هـذه اللمعة a
البسيرة a لتستعين بما يحصل فى فهمك منها بالتــدريج ان
شــاء الله تعالى ۞

نجز الكتاب بحمد الله تعالى وعونه وحسن توفيقه يوم الاحد
ســابـع وعـشـريـن شعبان المعظم سنة ٧٤٣ علّقه اقـل
عبـاد الله واضـعـف خلقه الـراجـى رحمة ربه
خليل بـن محمد بن يوسف القونـوى
احسن الله خاتمته ورضى عـنـه
وعن والده وعن استاذيه
وعن كآفة المسلمين
اجمـعـين

a) Cod. السِيْرَة (sic).